PSICOLOGIA E PSICOPATOLOGIA PERINATAL:
SOBRE O (RE)NASCIMENTO PSÍQUICO

Editora Appris Ltda.
1.ª Edição - Copyright© 2021 da autora
Direitos de Edição Reservados à Editora Appris Ltda.

Nenhuma parte desta obra poderá ser utilizada indevidamente, sem estar de acordo com a Lei n° 9.610/98. Se incorreções forem encontradas, serão de exclusiva responsabilidade de seus organizadores. Foi realizado o Depósito Legal na Fundação Biblioteca Nacional, de acordo com as Leis nos 10.994, de 14/12/2004, e 12.192, de 14/01/2010.

Catalogação na Fonte
Elaborado por: Josefina A. S. Guedes
Bibliotecária CRB 9/870

M827p
2021

Moraes, Maria Helena Cruz de
  Psicologia e psicopatologia perinatal : sobre o (re)nascimento psíquico Maria Helena Cruz de Moraes. - 1. ed. - Curitiba : Appris, 2021.
  205 p. ; 23 cm. – (Psicologia clínica).

  Inclui bibliografia.
  ISBN 978-65-250-0438-9

  1. Psicologia. 2. Psicopatologia. 3. Perinatologia. 4. Parentalidade. I. Título. II. Série.

CDD – 150

Livro de acordo com a normalização técnica da ABNT

Appris editora

Editora e Livraria Appris Ltda.
Av. Manoel Ribas, 2265 – Mercês
Curitiba/PR – CEP: 80810-002
Tel. (41) 3156 - 4731
www.editoraappris.com.br

Printed in Brazil
Impresso no Brasil

Maria Helena Cruz de Moraes

PSICOLOGIA E PSICOPATOLOGIA PERINATAL:
SOBRE O (RE)NASCIMENTO PSÍQUICO

FICHA TÉCNICA

EDITORIAL	Augusto V. de A. Coelho
	Marli Caetano
	Sara C. de Andrade Coelho
COMITÊ EDITORIAL	Andréa Barbosa Gouveia - UFPR
	Edmeire C. Pereira - UFPR
	Iraneide da Silva - UFC
	Jacques de Lima Ferreira - UP
ASSESSORIA EDITORIAL	Lucas Casarini
REVISÃO	Cristiana Leal Januário
PRODUÇÃO EDITORIAL	Juliane Scoton
DIAGRAMAÇÃO	Yaidiris Torres
CAPA	Amy Maitland
COMUNICAÇÃO	Carlos Eduardo Pereira
	Débora Nazário
	Karla Pipolo Olegário
LIVRARIAS E EVENTOS	Estevão Misael
GERÊNCIA DE FINANÇAS	Selma Maria Fernandes do Valle

COMITÊ CIENTÍFICO DA COLEÇÃO PSI

DIREÇÃO CIENTÍFICA	Junia de Vilhena
CONSULTORES	Ana Cleide Guedes Moreira (UFPA)
	Betty Fuks (Univ. Veiga de Almeida)
	Edson Luiz Andre de Souza (UFRGS)
	Henrique Figueiredo Carneiro (UFPE)
	Joana de Vilhena Novaes (UVA |LIPIS/PUC)
	Maria Helena Zamora (PUC-Rio)
	Nadja Pinheiro (UFPR)
	Paulo Endo (USP)
	Sergio Gouvea Franco (FAAP)
INTERNACIONAIS	Catherine Desprats - Péquignot (Université Denis-Diderot Paris 7)
	Eduardo Santos (Univ. Coimbra)
	Marta Gerez Ambertín (Universidad Católica de Santiago del Estero)
	Celine Masson (Université Denis Diderot-Paris 7)

AGRADECIMENTOS

Muito difícil saber por quem começar meus agradecimentos, porque isso sempre dá uma noção de prioridade. Todas as pessoas as quais vou aqui citar tiveram relevância tanto na minha vida quanto na construção deste livro.

Aos meus pais, *in memoriam.*

Ao meu marido, José Antônio, companheiro de uma vida, que percebia meus momentos de resistência e hesitação e me incentivava a ir para o computador, sempre perguntando: "Nosso livro já está pronto?"

Às minhas amadas filhas, que me ensinaram a ser mãe, guiando-me e apontando erros e acertos.

Aos meus três netos, agradeço por me mostrarem que o amor não tem limite, é infinito.

Aos meus pacientes, alunos e colegas, a quem devo muito do que sei e sou.

Ao meu estimado Dr. David E. Zimerman (*in memoriam*) por sua especial participação na minha formação com seu estímulo, amizade e carinho. Meu eterno modelo como psicoterapeuta.

Ao meu amigo Dr. Francisco Batista, cuja opinião é muito importante. Sou muito grata por ter me mostrado e "autorizado" diferentes possibilidades e potencialidades dentro de mim, me ajudando a me aceitar e crescer. Obrigada pela apresentação deste livro!

À gentilíssima Dr.ª Nara Caron pelo modelo de identificação no trabalho psicanalítico com mães e bebês, por dispender seu precioso tempo lendo meu livro e escrevendo o lindo prefácio.

Por último, mas nada menos importante, agradeço à minha colega e amiga Scheila Krenkel que tem sido ímpar em sua disponibilidade, atenção e cuidado, dedicando horas e horas de seu tempo e sua alma para revisar com todo carinho possível todo este livro. Ela se intitulou minha "doula" deste primeiro parto literário. Porém, sua dedicação foi tanta que, agora que nasceu, eu a promovi à madrinha do meu bebê.

Nós que não obtivemos ainda a paz, nós que somos ainda testemunhas de genocídios escandalosos, nós temos o dever de nos questionar sobre a maneira como acolhemos nossas crianças e preparamos o futuro.

(Myriam Szejer)

APRESENTAÇÃO

É com muita honra que apresento o livro *Psicologia e psicopatologia perinatal: sobre o (re)nascimento psíquico*, de minha querida amiga e colega Maria Helena Moraes, que nos brinda com uma obra que estava faltando na biblioteca de todos aqueles que se interessam e estudam a psicologia perinatal. A autora, com sua habitual generosidade, decidiu dividir conosco seus conhecimentos e sua experiência de muitos anos como mãe, aluna de mestrado, doutorado, terapeuta e professora. Não foi sem motivos que Maria Helena aprofundou-se e especializou-se no estudo da relação mãe bebê, uma vez que o sentimento de maternidade, expresso na bondade e disponibilidade, é uma das características que identificam a profissional perante seus colegas, alunos e pacientes.

Quem tiver o prazer de ler o livro vai fazer uma viagem sobre um mundo desconhecido, principalmente por mães e pais que nunca frequentaram uma classe para terem aula de como ser pais, desejo de muitos. Aliás, a autora enfatiza, logo no início, que ninguém ensina ninguém a ser mãe e que essa aprendizagem ela vai ter quando se relacionar com seu bebê.

Neste passeio agradável e produtivo, o leitor se abastece de informações que vão surgindo a cada etapa do caminho. Aprendemos que não há um padrão estabelecido para os bebês e mães e que cada um reage diferentemente durante a gravidez e após o nascimento. Nota-se, a cada estação visitada, o árduo trabalho de leituras e pesquisas realizados pela guia do *tour*, que ilustra a diversidade de conhecimentos de quem entende os caminhos que ela se propõe a levar seus seguidores.

São diversas paradas, nas quais são encontrados diferentes especialistas, como os psicanalistas Melanie Klein, Sigmund Freud e de Lebovici, que nossa guia, Maria Helena, pela intimidade que tem com eles, vai nos apresentando com desenvoltura.

Quando paramos no ponto da Psicologia da gravidez, deparamo-nos com o grande dilema da mãe moderna que precisa optar entre a maternidade e a carreira profissional, tentando conciliar os dois papéis: o de mãe e o de profissional. Aí tomamos conhecimento da importância de incluir o pai, ainda durante a gestação, fazendo com que ele, conversando com a "barriga", estabeleça um precoce vínculo com a criança.

É um *tour* realista que mostra todos os aspectos relacionados à gravidez, como as gestações de risco e seus fatores distintos, tais como a gravidez tardia, a negação da gravidez e os distúrbios psiquiátricos da mãe que são prejudiciais a ela e ao bebê. Há momentos em que nossa guia demonstra quão familiarizada ela está com o caminho e suas paradas, como quando ela nos apresenta o nascimento do bebê, com todas as implicações e ocorrências psicológicas decorrentes do parto. Os relatos de experiências vividas por ela são comoventes.

Há momentos em que a viagem se torna tensa quando chegamos ao ponto culminante que é puerpério. Maria Helena nos mostra as incertezas e inseguranças que acometem as mães, bem como os transtornos mentais que acontecem antes e durante a gravidez, assim como depois do parto. Ela chama a atenção para a depressão pós-parto, que incide sobre 20% das mulheres, e nos alerta que essa depressão não deve ser confundida com a melancolia "normal", que atinge 80% das puérperas.

É na estação da amamentação que nossa condutora demonstra toda sua vivência sobre o objeto da viagem e onde ela se encontra com os diversos pensamentos sobre o assunto, mostrando que o ato de amamentar e o seu entorno simbolizam e sintetizam todo envolvimento emocional e psicológico entre a mãe e o bebê.

A viagem tem seus pontos tristes, e eles acontecem quando, inevitavelmente, chegamos ao momento mais infeliz que pode ocorrer em uma gravidez: a perda do bebê. O berço vazio, como também é chamado, que contraria a ordem natural do ciclo vital, que é um filho morrer antes dos pais, com todas as consequências que esse fato acarreta para o casal. O trem anda, e é na estação seguinte que nos deparamos com as mães portadoras do ódio materno. São mães que ambivalentemente carregam dentro de si o sentimento de amor e ódio, simultaneamente, em relação ao filho. Nessa parada, nossa guia nos apresenta a vários companheiros de outras viagens que lhe ensinaram o caminho que no momento nos proporciona, como: Freud, Melanie Klein, Winnicott, Bion, Benhaim e Kauffmann.

Quando paramos no ponto destinado às intercorrências que acontecem com o bebê durante a gravidez e após o parto, nossa condutora fala dos fantasmas que assombram os pais durante a gestação e nos momentos que antecedem ao parto, bem como das expectativas de perfeição do filho que está para nascer. Ela nos mostra que casos de prematuridade, deficiências e malformações geram repercussões psíquicas nos pais, originadas por cada situação.

Em determinado momento da viagem, surge o pai perguntando qual é o lugar dele nessa excursão destinada a conhecer os aspectos essenciais da gravidez e após o parto? Maria Helena dá uma parada e aborda, com riqueza de detalhes, o psiquismo paterno, demonstrando que a paternidade é marcada por conflitos intrapsíquicos e fantasmas parentais, não faltando exemplos clínicos sobre o assunto. A autora assinala que a função paterna pode ser exercida por um pai substituto na figura de um avô, pai adotivo, membro de um casal homoafetivo, de uma família reconstituída e até de um professor.

A maquinista não se limita a teorizar, mostrar as estações de dentro do trem; em determinado momento, ela salta da locomotiva e resolve mostrar como se faz, ensinando quais técnicas podem ser utilizadas na atenção psicológica a pais e bebê. Ela instrui, com exemplos clínicos, como dar suporte emocional aos pais, desde a gestação, durante o parto e no puerpério, com todas as ocorrências que podem ocorrer nessas diversas fases.

O grande acontecimento da natureza é o nascimento de um ser, é o surgimento da vida. Para que isso aconteça, no mundo moderno, além do pai e da mãe, muitas pessoas são envolvidas, principalmente se houver intercorrências durante seu transcurso. Maria Helena, no final desta bela viagem, presenteia-nos apontando os cuidados psicológicos dirigidos a equipes de saúde perinatal. Mostra-nos o quanto os profissionais que trabalham com saúde perinatal estão sujeitos aos mais diversos estímulos e suas consequências. Momentos que podem ir de uma expectativa de alegria a uma frustação com um desenlace não desejável.

Parabenizo Maria Helena por esse excelente percurso que nos traz uma gama de informações e detalhes sobre esse fenômeno ímpar da natureza que é a gravidez e o subsequente parto, cujos intrincados caminhos, com todas suas nuances, poderão ser encontrados neste livro que encantará todos os seus leitores.

Francisco Baptista Neto

Médico-Psiquiatra

PREFÁCIO

Este livro é a realização de um sonho da autora, no qual ela relata sua trajetória de trabalho ao longo de 40 anos na área da Perinatalidade. É fruto da paixão, presente na dedicação e no estudo continuado das teorias e pesquisas na área, que a conduziu a investigações próprias durante o mestrado e o doutorado, na Universidade Federal de Santa Catarina, bem como à experiência de observação de bebês com o método psicanalítico desenvolvido pela analista britânica Esther Bick.

Na origem do livro, igualmente, estão presentes as intensas vivências como supervisora clínica e psicoterapeuta de gestantes e puérperas, assim como seu anseio por aguçar no leitor a curiosidade e o fascínio pelo desenvolvimento do ser humano, desde a sua concepção até os 30 meses de idade.

Por último, mas não menos importante, está a concretização do desejo expresso de deixar sua contribuição para os profissionais que queiram se dedicar a essa complexa e desafiadora área do desenvolvimento humano. Por isso, nos 15 capítulos que compõem o livro, encontramos uma genuína preocupação da autora em oferecer uma ampla bibliografia, fruto de exaustiva revisão, enriquecida com vinhetas clínicas que ilustram seu embasamento teórico-técnico.

Na Introdução, Maria Helena apresenta um esboço do livro, permitindo-nos vislumbrar os desafios impostos pela teoria e pela clínica da Perinatalidade. Encerra esse capítulo afirmando seu engajamento "nesse movimento proposto desde a década de 60 do século passado que ainda tenta conquistar espaço na atenção primária à saúde física e mental das famílias".

É importante pensarmos como a Perinatalidade, de forma paulatina, constitui-se em uma área de interesse de pesquisa, estudos e da clínica, a qual inclui processos complexos com uma temporalidade marcada por momentos determinantes: concepção, gestação, nascimento, puerpério. Historicamente, essa área de atenção à saúde perinatal tem início com o atendimento circunscrito à mãe e ao pós-parto, bem como às descompensações ocorridas durante o período. Aos poucos, o atendimento, a experiência e a compreensão dos problemas das mães ampliaram-se para os estudos da maternidade e para as consultas terapêuticas e psicoterapias mãe-bebê, abrindo caminho para a inclusão do período pré-natal. O pai também foi sendo incluído nos estudos, a partir de um reconhecimento de sua participação na constituição psíquica do bebê.

Presente desde 1975, a ultrassonografia obstétrica é um exemplo do quanto o contato com a tecnologia modificou nosso conhecimento sobre o universo fetal e sobre o processo gestacional. Até algumas décadas atrás, o mundo mãe-feto era totalmente privado, inexplorado e protegido. A ecografia permite, com o acompanhamento pré-verbal, conhecer o processo que ocorre dentro da mãe e sua relação última com o feto.

Desde a segunda metade do século passado, vários psiquiatras da infância, dedicados ao tratamento de crianças maiores, passaram a atender também os menores, os bebês e os prematuros, chegando à psiquiatria fetal. Vale lembrar, pela sua importância para o desenvolvimento da Perinatalidade, o 1º Colóquio – Mônaco 1996, organizado por M. Soulé, B. Golse, Missonnier e Kreisler, entre outros. Profissionais clínicos e pesquisadores interessados no feto, na mãe grávida, no pai e na equipe, reuniram-se para discutir suas experiências e pesquisas até então. O destaque foi o bebê, que passou a ocupar o interesse de pesquisas e do atendimento clínico a partir do reconhecimento de sua participação ativa no processo de desenvolvimento e na relação com o ambiente. Referendaram a existência de um sistema interativo entre mãe e o feto desde o início da vida intrauterina. Além disso, nomearam essa etapa pré-natal o início da biografia humana e a primeira fase de desenvolvimento psicológico, dando destaque à continuidade entre o antes de nascer e o pós-nascimento.

É inevitável a associação com a intuição clínica genial de Freud (1926, p. 162), fundamentada em uma profunda dedicação à pesquisa psicanalítica da alma humana: "Há muito mais continuidade entre a vida intrauterina e a primeira infância do que a impressionante cesura do ato do nascimento nos permite saber".

Nesse Colóquio, foram firmadas duas grandes especificidades da clínica perinatal, as quais foram também reiteradas nos simpósios seguintes: a continuidade da vida psíquica ao longo desse período e a especificidade de sua patologia. Foi um momento fundante do campo da perinatologia, que vem se desenvolvendo de forma veloz e complicada. Essa riqueza e essa complexidade da psicologia e psicopatologia contidas na clínica perinatal são apresentadas na sequência dos capítulos desenvolvidos no livro.

Destaco aqui a importância da inclusão, no capítulo VI, do tema fertilidade e reprodução assistida, que constitui uma área instigante de estudos, ainda incipiente na psicologia perinatal, especialmente por suas implicações na ampliação da nossa compreensão sobre processos psíquicos primitivos, os quais ocorreriam já desde a concepção. Os desafios impostos pelos avanços tecnológicos, impensáveis até poucos anos atrás, estão transformando nossas maneiras de conceber, nascer, crescer, viver e morrer. Nesse desenvolvimento para trás, testemunhamos quebras de paradigmas, e o homem passa a ficar apto a vencer qualquer barreira da infertilidade, chegando a procedimentos inimagináveis para ter filhos. Temos muitos questionamentos e pouca experiência a respeito do impacto de múltiplas intervenções tecnológicas e medicamentosas.

Temos, também, muito a aprender sobre possíveis mudanças a longo prazo que a biotecnologia tem provocado na maternidade, na relação mãe-bebê e no bebê. Quais as repercussões psíquicas de um processo de concepção, antes privado e vivido na intimidade do corpo de uma mulher, que se torna público e sofre intervenção, justo em uma etapa tão inicial e crucial no desenvolvimento humano? É importante refletir sobre as repercussões emocionais de todo o processo de fertilização assistida, pois essa área toca em pontos de extrema vulnerabilidade, que não são vistos ou valorizados.

A tecnologia está empurrando a noção de onipotência humana, ao mesmo tempo que desperta fantasias muito primitivas. Aquilo que só existia em sonho de repente pode ser realizado. Os pais passam de protagonistas a espectadores no processo de reprodução.

Como é gerar um bebê de fora para dentro? Em várias clínicas de fertilização assistida, os pais podem, inclusive, assistir em casa, de um computador, à concepção: os casais tem à sua disposição as imagens de cada etapa de fertilização *in vitro* (bebê de proveta), da união dos gametas, isto é, a fecundação, passando pela formação do embrião até o desenvolvimento do bebê. Com o tradicional copie e cole, futuros pais e mães transferem a imagem para seu computador, imprimem em alta resolução e mostram o álbum do bebê incrivelmente completo.

Esse capítulo nos leva a questões importantes, instigantes, para as quais não temos respostas e que ainda necessitam de mais experiência clínica, estudo e debate. Quais registros mnêmicos ficarão na criança desse início com outro familiar que não seja a mãe (barriga solidária). E para o familiar que carrega o bebê? Como é gestar um bebê para uma filha, para uma irmã, para um filho, e entregá-lo depois do nascimento?

Será possível ser mera "portadora" de um bebê? Por vezes a irmã ou mãe carrega mais de um bebê devido à gravidez múltipla. Finalmente, como fica para aquele que deveria ser o protagonista dessa história, o bebê? Como ele deixará para trás essa história?

Conforme nos envolvemos na leitura e nos aproximamos do final do livro, concluímos, junto à autora, que a Perinatalidade é um complexo multiforme, que demanda abordagem inter ou transdisciplinar, e apresenta grande ambiguidade e exigência aos participantes dos atendimentos: os pais com suas histórias atualizadas; os bebês, os *infans* vivendo em seu mundo primitivo, não verbal; diversos profissionais com diferentes formações, de diferentes instituições, todos confrontados com suas próprias histórias e com os transtornos psíquicos frente ao nascimento de uma mãe, de um pai e de um bebê. Estão todos simultaneamente envolvidos e focados na compreensão e localização das dificuldades mãe-bebê, ou pai-bebê, ou mãe-pai-bebê.

É um caldeirão de desejos, sentimentos, tensões. Não é nada fácil, nesse emaranhado psíquico, discernir qual será o foco de atendimento: o bebê? Os adultos? Qual é a origem do problema, ele parte de onde? Ou da ligação entre eles? Ou são problemas com demais cuidadores, avós, babás ou outros familiares? Vai recaindo uma grande responsabilidade nos profissionais que intervêm nesse período tão delicado e complexo na vida da família.

Daí a preocupação, manifestada pela autora no último capítulo, com a formação e a qualificação de profissionais de diferentes áreas, de modo a ampliar as possibilidades de compreensão dos processos psíquicos envolvidos no desafiador percurso de tornar-se pai e mãe de um novo ser humano.

Desejo a todos uma ótima leitura e espero que este livro cumpra a função de estimular a curiosidade e a busca de conhecimento na Perinatalidade, assim poderá também influenciar o desenvolvimento e aprofundamento desse período fundante da vida do ser humano.

Nara Amália Caron
Psicanalista de adultos, crianças e adolescentes
Membro efetivo e analista didata da Sociedade Psicanalítica de Porto Alegre

REFERÊNCIA

FREUD, S. [1926] Inibições, sintomas, ansiedade. *In:* **Edição standard brasileira das obras psicológicas completas de Sigmund Freud.** Tradução de J. Salomão. Rio de Janeiro: Editora Imago, 1976. v. 20.

SUMÁRIO

INTRODUÇÃO 19

CAPÍTULO 1
INTRODUÇÃO À PSICOLOGIA E PSICOPATOLOGIA PERINATAL – PRESSUPOSTOS TEÓRICOS... 23

CAPÍTULO 2
A CONSTITUIÇÃO PSÍQUICA DOS BEBÊS – DO QUE PRECISAM OS BEBÊS.. 31

CAPÍTULO 3
O PROCESSO DA PARENTALIDADE – O BEBÊ NA MENTE DOS PAIS.. 37

CAPÍTULO 4
A PSICOLOGIA DA GRAVIDEZ – O BEBÊ NO CORPO DA MÃE........ 43

CAPÍTULO 5
AS GESTAÇÕES DE RISCO 55

CAPÍTULO 6
INFERTILIDADE E REPRODUÇÃO ASSISTIDA 73
Maria Gabriela Pinho Peixe

CAPÍTULO 7
A PSICOLOGIA DO PARTO – O NASCIMENTO DO BEBÊ 87

CAPÍTULO 8
PSICODINÂMICA E TRANSTORNOS MENTAIS DO PUERPÉRIO – O BEBÊ NOS BRAÇOS... 101

CAPÍTULO 9
A PSICOLOGIA DA AMAMENTAÇÃO 115

CAPÍTULO 10
PERDAS PERINATAIS – O BERÇO VAZIO 127

CAPÍTULO 11
O LADO B DA MATERNIDADE – SOBRE O ÓDIO MATERNO 139

CAPÍTULO 12
O VÍNCULO PAIS-BEBÊS EM SITUAÇÕES ESPECIAIS –
PREMATURIDADE, DEFICIÊNCIAS E MALFORMAÇÕES 153

CAPÍTULO 13
O LUGAR DO PAI 167

CAPÍTULO 14
TÉCNICAS DE ATENÇÃO PSICOLÓGICA A PAIS E BEBÊS 181

CAPÍTULO 15
CUIDADOS PSICOLÓGICOS DIRIGIDOS A EQUIPES DE
SAÚDE PERINATAL 195

SOBRE A AUTORA CONVIDADA 205

INTRODUÇÃO

A ideia de escrever sobre a Psicologia Perinatal foi fecundada pelo afetuoso incentivo de minha família, de colegas e alunas do curso denominado "Psicologia e Psicopatologia Perinatal", o qual ministro no Instituto Pais/Bebês em Florianópolis, desde 2014, e em outras entidades, há mais de 20 anos. Porém não foi sem hesitação e ambivalência que decidi transformar o referido curso em livro.

Sempre digo que me sinto melhor falando do que escrevendo. No entanto, com 66 anos de idade, comecei a pensar mais efetivamente que gostaria de deixar uma contribuição aos profissionais que pensam e sentem como eu em relação a esse tema, ou que querem iniciar nessa especialidade. Em relação às pessoas com quem convivo e trabalho, sinto-me honrada em compartilhar minha experiência e a beleza poética que é a compreensão psicológica da Perinatalidade. Agora que o livro está pronto, sinto-me como uma mãe recém-nascida: exausta, mas muito feliz e orgulhosa de meu "filho". Espero que gostem dele como eu.

Ao longo dos 40 anos de minha prática clínica, em reuniões de estudo e supervisões, deparei-me com histórias de pessoas profundamente marcadas por vivências perinatais destrutivas. Encontrei finalmente, na Psicologia Perinatal, um modo de evitar – ou pelo menos tentar evitar – que gerações futuras desenvolvam transtornos mentais e emocionais.

Os temas que compõem este livro provêm de teorias visitadas durante as aulas que ministro, das pesquisas de mestrado e doutorado realizados na Universidade Federal de Santa Catarina, sob orientação da Dr.ª Maria Aparecida Crepaldi, e da Observação da Relação Mãe Bebê pelo método Esther Bick, que realizei com a supervisão da Dr.ª Nara Caron, psicanalisa da Sociedade Psicanalítica de Porto Alegre. Provêm também da atividade como supervisora clínica e, principalmente, da minha prática como psicoterapeuta de gestantes e puérperas há mais de 25 anos.

Todos os capítulos são de minha autoria, com exceção do Capítulo 6, que solicitei à colega Maria Gabriela Pinho Peixe, por sua considerável experiência no acompanhamento de casais "tentantes", em processo de Reprodução Assistida. Cabe mencionar, também, que dei preferência aos temas que tive a oportunidade de vivenciar em minha prática clínica e, por isso, apesar de reconhecer sua relevância, não incluí neste livro temas, como as novas constituições familiares, a adoção e a avosidade.

A Psicoterapia, a Psicopatologia e a Perinatalidade constituem minha paixão científica e são as três grandes áreas que se entrelaçam na compreensão do sofrimento quase sempre invisível e silencioso de mães e pais, mas principalmente de mães. Essas costumam procurar ajuda psicológica, por exemplo, quando já desenvolveram depressão pós-parto – problema de saúde pública de grande incidência nos dias de hoje –, ou quando as crianças começam a desenvolver sintomas críticos, como não dormir ou não se alimentar, o que pode estar relacionado ao vínculo que se encontra conflitivo e com problemas, como explicito adiante. Este livro salienta, em todo seu percurso, a relevância do conhecimento em Psicologia Perinatal no desenvolvimento de ações preventivas em saúde mental-infantil.

No que tange à prevenção em Saúde Mental, entendo, como Motta (2002), não a busca de uma normalidade (no sentido normativo), mas a compreensão da função materna e paterna como um desenvolvimento subjetivo, em que as intervenções precoces sustentam e/ou facilitam o desenvolvimento desses imprescindíveis papéis o mais cedo possível ou "a tempo". Isso auxilia na medida em que se torna possível identificar e promover lugares e funções mais saudáveis, quando se encontram ameaçados, paralisados, reprimidos e, muitas vezes, envolvidos em segredos familiares no processo de construção psíquica da criança e da nova identidade parental.

Diante do apresentado, sem aspirar ineditismo ou criar novas teorias, este livro pretende oferecer subsídios para psicólogos e demais profissionais da saúde que lidam diariamente com os fenômenos psíquicos envolvidos na gravidez, no parto, no puerpério e suas vicissitudes. Visa, também, a facilitar a compreensão e elaboração do que se passa com as gestantes, parturientes e puérperas e seus familiares, bem como com as equipes no período perinatal, o que propicia indicações ou tratamentos adequados.

Em última instância, com o presente livro, pretendo concretizar minha inserção em um movimento científico-preventivo, possibilitando o desenvolvimento da saúde física, mental e relacional desde o início da vida. Movimento esse proposto desde a década de 60, no século passado, e que ainda tenta conquistar espaço na atenção primária à saúde física e mental das famílias.

REFERÊNCIAS

MOTTA, S. P. P. Prevenção em saúde mental: por que não? *In*: BERNARDINO, L. M. F.; ROHENKOHL, C. M. F. (org.). **O Bebê e a Modernidade:** abordagens teórico-clínicas. São Paulo: Casa do Psicólogo, 2002. p. 109-116.

CAPÍTULO 1

INTRODUÇÃO À PSICOLOGIA E PSICOPATOLOGIA PERINATAL – PRESSUPOSTOS TEÓRICOS

A Parentalidade é uma área específica da Psicologia que trata dos processos psíquicos desencadeados nos pais durante o ciclo gravídico-puerperal, desde o desejo de ter um filho (ou não), passando pela gestação, pelo parto e pós-parto. Tem como consequências, interferências diretas e indiretas no vínculo pais/bebê e na formação do psiquismo da criança. "Para se tornar um pai e uma mãe, é preciso ter feito um trabalho interior" (LEBOVICI, 2004, p. 21).

A Psicologia Perinatal é uma especialidade recente da Psicologia, resultado da pesquisa e prática clínica, que acompanham mães e pais e que visam a minimizar as angústias trazidas pela parentalidade, dentre elas, a dissociação das vivências biológicas e psíquicas nesse período tão significativo para as famílias.

O objetivo da Psicologia Perinatal é dar visibilidade e voz ao psiquismo dos pais, das mulheres em especial, no que tange às vivências psicológicas transformadoras desse período, oferecendo empatia e acolhimento, bem como ajuda adequada às necessidades da criança e dos pais (SOLIS-PONTON, 2004). O conhecimento proporcionado por essa área da Psicologia permite a maior compreensão da saúde mental materno/paterno-infantil, compartilhando informações, incrementando a rede de ajuda, humanizando a atenção às famílias, tal como preconizado pelo Ministério da Saúde (2010).

A integração interdisciplinar da assistência perinatal é outra meta dessa especialidade, a mulher passa a ser vista como um ser holístico, em que os sintomas corporais expressam conflitos psicológicos e vice-versa. Na visão da Psicologia Perinatal, a mulher deixa de ser vista, por exemplo, apenas como seios – os quais "devem" amamentar para o desenvolvimento saudável do bebê – para ser considerada em suas ansiedades e razões emocionais que podem, às vezes, impedi-la de amamentar. Da mesma forma, essa especialidade se ocupa do vir-a-ser psíquico do bebê a partir de suas relações corporais e psicológicas com os objetos que exercem as funções materna e paterna.

Os fundamentos teórico-clínicos da Psicologia Perinatal baseiam-se na Psicologia do Desenvolvimento e na Psicanálise, destacando-se os estudos franceses de Raphael-Leff (1997), Bydlowski (2001; 2009) e Delassus (2002), que denominou essa ciência de Maternologia. No Brasil e na América Latina, esses temas são encontrados sob o título de Psicologia da Gravidez, Parto e Puerpério, Perinatologia e, no final do século passado, como Psicologia ou Psicoprofilaxia Obstétrica (VIDELA, 1993).

Antes de passar à descrição detalhada dos fenômenos psíquicos envolvidos na Parentalidade e na Perinatalidade mais especificamente, quero trazer pensamentos e citações que norteiam este livro.

1. Em relação aos pais:

- a maternidade e a paternidade são um mundo, muito mais inconsciente do que consciente (DELASSUS, 2002);

- a parentalidade não está dada; é um processo baseado na história psicológica, familiar, social e conjugal de cada um dos pais. Quando nasce uma criança, pais e familiares revivem sua história psíquica desde sua própria gravidez, circunstâncias de nascimento, amamentação e relação com seus próprios pais, incluindo fantasmas transgeracionais (FRAIBERG; ADELSON; SHAPIRO, 2004);

- nesse período perinatal, ocorre um desbordamento do inconsciente, podendo acontecer com o nascimento do filho e na relação com ele uma repetição sintomática, ou o desenvolvimento de uma parentalidade criativa (LEBOVICI, 2004).

2. Em relação à criança:

- o bebê, antes de seu nascimento, já viveu uma longa história. Traz consigo características constitucionais e reacionais à vida intrauterina (SZEJER, 1997);

- devido à sua total imaturidade, a criança depende dos cuidados físicos e das condições psíquicas dos pais, ou substitutos, para se tornar um sujeito. Precisa experimentar sentimentos de filiação e aceitação incondicional. Um bebê sem uma mãe não existe (WINNICOTT, 2002);

- a interação pais-bebês pode ser saudável ou patológica. Para compreender as manifestações sintomáticas do bebê, a ênfase da compreensão deve ser na psicopatologia interacional pais/bebês (LEBOVICI, 2004).

3. Em relação à equipe de saúde materno-infantil:

- apesar da difusão de informações sobre Psicologia e Psicanálise, a formação universitária na área de saúde no Brasil é predominantemente biologicista. Isso limita o conhecimento dos profissionais em torno das situações emocionais que envolvem seu trabalho, podendo acarretar o desenvolvimento de mecanismos defensivos, tais como: dissociação, evitação e negação dos sentimentos dos pais e da própria equipe para impedir colapso emocional ou para não vivenciar a impotência que situações adversas e inesperadas despertam. "Não sei o que fazer!": disse um residente de obstetrícia quando discutia situações de descontrole emocional de parturientes (MORAES, 2001);

- a aplicação dos conhecimentos em Psicologia e Psicopatologia Perinatal incrementa a ética e a humanização no cuidado do bebê e de suas famílias, bem como a compreensão dos comportamentos dos pais na relação com o bebê e com a própria equipe, possibilitando os encaminhamentos necessários;

- a abertura de um espaço no qual ocorra o fim do silêncio das emoções, da dimensão subjetiva e imaginária dos e sobre os pacientes (mãe/pai-bebê), discutindo-se caso a caso, não só aumenta a possibilidade do reconhecimento da vida psíquica, mas também diminui os riscos de sintomas e distúrbios perinatais nos bebês e suas mães;

- a introdução da Psicologia Perinatal em maternidades, clínicas e postos de saúde pode, inclusive, auxiliar as equipes a evitar o surgimento da síndrome de esgotamento e desgaste emocional, denominada *Burnout*.

PSICOPATOLOGIA PERINATAL

Considerado um momento de crise vital, tal qual outro momento crítico, o nascimento de uma criança pode trazer a possibilidade de crescimento e amadurecimento e constituir-se em um fator terapêutico *per si* na vida dos pais. Da mesma forma, a criança, com sua plasticidade e competências, tem a chance de aproveitar e suscitar o melhor dos pais e do meio circundante.

A vivência da maternidade e da paternidade está atualmente incluída numa sociedade narcísica, criadora de ilusões. Vive-se num mundo de aparente onipotência, felicidade e idealização, onde se pode tudo ao mesmo tempo. As fantasias sobre um bebê ideal são inegáveis, assim como inevitável é a desilusão na parentalidade quando surge o bebê real e suas infindáveis demandas.

Para muitos pais e mães, em função de suas histórias individuais como filhos ou de realidades adversas, as gratificações advindas do bebê recém-nascido são insuficientes para elaborar fortes tensões, emoções, temores e ansiedades conscientes e inconscientes (re)vividas. E, se a interação pais/bebês, o principal e fundante vínculo formador do psiquismo, inicia-se de forma dolorosa, pode-se perpetuar originando patologias presentes e futuras.

A maternidade e a paternidade têm um "lado" B nem tão glamuroso e completamente feliz, como propagado social e culturalmente (BADINTER, 1985). Dependendo das circunstâncias sociais, familiares, físicas, intrapsíquicas e relacionais em que ocorre a gravidez, pode haver diversas reações emocionais por parte de um ou ambos os pais. Reações essas que, se não compreendidas e elaboradas, podem interferir no andamento, na continuidade ou na interrupção da gravidez, bem como determinar o tipo de parto com as possíveis complicações, possibilidade e impossibilidade de aleitamento, entre outras situações de impasse e dificuldade na relação com o bebê e com a parentalidade, conforme afirmam Maldonado (2005), Soifer (1984), Videla (1993; 1997), Langer (1981), Raphael-Leff (1997) e Moraes (2001; 2011).

Embora os autores citados, e muitos outros, já nos tenham contemplado com seus estudos, o fato é que constantemente se comprova, na prática clínica, que cada filho, gravidez, parto, pós-parto e vinculação com o bebê, é único para cada um dos pais e diferente para a chegada de cada criança. Portanto, confirma-se que a mais evidente característica do período perinatal é a <u>singularidade e a subjetividade</u> dos pais, esquecidas na atenção predominantemente biológica, protocolar e impessoal das gestantes, parturientes, puérperas e seus companheiros pelas equipes de saúde, que geralmente não recebem treinamentos específicos para observar e acolher manifestações de conflitos emocionais.

Por sua vez, o bebê sofre influências parentais desde o ventre materno onde fica *"marinado por nove meses no líquido amniótico com o sabor da vida emocional da mãe...sabor que se repete por toda a vida"* (CUADRELLI, 2016). Mesmo que já existam descobertas importantes sobre as competências do bebê intraútero e logo após o nascimento, ele ainda não apresenta condições para "montar" sozinho sua subjetividade (JERUSALINSKI, 2014).

Vivências estressantes e traumáticas, nesse período fundamental, podem desenvolver patologias, como ansiedade, depressão e até psicose em alguns casos, não só nos pais, na criança e nos familiares, mas também nas equipes como um todo e em cada profissional em particular. Isso pode ocorrer caso não encontrem espaço para transformar em palavras e elaboração os sentimentos intensos que às vezes assolam a todos os envolvidos.

Geralmente, quando se pensa em Psicologia Perinatal, associa-se a uma intervenção que visa à preparação para o parto e para a parentalidade, com a transmissão de informações, sem muito espaço para dúvidas e temores individuais, corroborando idealizações e expectativas sociais, levando os pais a se apegarem a cenas romanceadas, cheias de alegria e positividade. Essas cenas existem realmente e são motivos de muitas gratificações. Porém profissionais que atuam na assistência perinatal deparam-se frequentemente com: impossibilidade de engravidar; gravidez fruto de estupro ou incesto; detecção de anomalias fetais às vezes incompatíveis com a vida; risco de morte da gestante; morte da criança intraútero ou dias após o nascimento; partos distócicos; dificuldades de aleitamento; infanticídio; mães usuárias de drogas e bebês com síndrome de abstinência; rejeição explícita dos filhos; negligência e abandono de bebês; falta de companheiro ou rede de apoio, entre outras tantas possibilidades e variáveis inesperadas e indesejadas.

Em todas essas situações, famílias e equipes necessitam de informações e acolhimento emocional, propostos pela Psicologia Perinatal. A abordagem psicológica perinatal pode identificar conteúdos simbólicos que prejudiquem a oportunidade maturativa da Parentalidade, promovendo a saúde global, "lendo" a vida mental mais profundas das pessoas, dirimindo vulnerabilidades que podem se traduzir numa falha básica, com consequências graves para pais e bebês.

REFERÊNCIAS

BADINTER, E. **Um amor conquistado**: o mito do amor materno. Rio de Janeiro: Nova Fronteira, 1985.

BYDLOWSKI, M. Le mandate transgénérationell selon Serge Lebovici. (O mandato transgeracional segundo Serge Lebovici). **Revue Spirale**, Paris, v. 1, n. 17,

p. 23-25, 2001. Disponível em: http://cairn.info/revue-spirale-2001-1-page-23.htm. Acesso em: 16 jan. 2010.

BYDLOWSKI, M. **Psychopahologie périnatale**: du blues á la depressión maternelle postnatalle, 2009. Disponível em: https://www.gyneweb.fr/sources/obstetrique/blues/htm. Acesso em: 27 jan. 2009.

BYDLOWSKI. M. Psy em maternité: um métier de liaison. **Revue de medicine périnatale,** Paris, v. 1, n. 2, jun. 2009. Disponível em: http://www.cair.info/revue/medicineperinatale. Acesso em: 16 jan. 2010.

BRASIL. **MANUAL TÉCNICO DO MINISTÉRIO DA SAÚDE.** Secretaria de Atenção à Saúde. Brasília, DF, 2010. 5. ed.

CUADRELLI, S. S. **Primer Simposio de la Psicologia Perinatal.** Madri, 2016.

DELASSUS, J. M. **Le sens de la maternité.** (O sentido da maternidade). Paris: Editora Dunod, 2002.

FRAIBERG, S.; ADELSON, E.; SHAPIRO, V. Fantasmas no quarto do bebê: uma abordagem psicanalítica dos problemas que entravam a relação mãe-bebê. **Publicação Ceapia,** Porto Alegre, v. VII, n. 7, 1994. p. 12-34.

JERUSALINSKI, J. **A criação da criança:** brincar, gozo e fala entre mãe e bebê. Salvador: Ágalma Psicanálise Editora, 2014.

LANGER, M. **Maternidade e Sexo.** Porto Alegre: Editora Artes Médicas, 1981.

LEBOVICI, S.; SOLIS-PONTON, L. Diálogo Leticia Solis-Ponton e Serge Lebovici: A construção da parentalidade. *In*: SILVA, M. C. P.; SOLIS-PONTON, L. (org.). **Ser pai, ser mãe, parentalidade:** um desafio para o terceiro milênio. São Paulo: Casa do Psicólogo, 2004. p. 21-27.

MALDONADO, M. T. **Psicologia da Gravidez.** 17. ed. São Paulo: Editora Saraiva, 2005.

MORAES, M. H. **Os fenômenos emocionais envolvidos na prática médica:** um estudo sobre as interações médico residente-parturientes. 2001. Dissertação (Mestrado em Psicologia do Desenvolvimento, Saúde e Comunidade) – Faculdade de Psicologia, Universidade Federal de Santa Catarina, Florianópolis, 2001.

MORAES, M. H. **A Clínica da maternidade:** os significados psicológicos da depressão pós-parto. 2011. Tese (Doutorado em Psicologia do Desenvolvimento, Saúde e Comunidade) – Universidade Federal de Santa Catarina, Florianópolis, 2011.

RAPHAEL-LEFF, J. **Gravidez**: a história interior. Porto Alegre: Editora Artes Médicas, 1997.

SILVA, M. C. P.; SOLIS-PONTON, L. (org.) **Ser pai, ser mãe, parentalidade:** um desafio para o terceiro milênio. São Paulo: Casa do Psicólogo, 2004.

SOIFER, R. **Psicologia da gravidez, parto e puerpério.** Tradução de Ilka Valle de Carvalho. Porto Alegre: Editora Artes Médicas, 1984.

SZEJER, M.; STEWARD, R. **Nove meses na vida de uma mulher:** uma abordagem psicanalítica gravidez e do nascimento. São Paulo: Casa do Psicólogo, 1997.

VIDELA, M. **Parir y nacer en el hospital.** (Parir e nascer no hospital). Buenos Aires: Ediciones Nueva Visión, 1993.

VIDELA, M. **Maternidad:** mito y realidade. (Maternidade: mito e realidade). Buenos Aires: Ediciones Nueva Visión, 1997.

WINNICOTT, D. W. **Os bebês e suas mães.** São Paulo: Martins Fontes, 2002.

CAPÍTULO 2

A CONSTITUIÇÃO PSÍQUICA DOS BEBÊS – DO QUE PRECISAM OS BEBÊS

Em Psicologia Perinatal, o objetivo maior é compreender, acolher e às vezes tratar um ou ambos os pais para que possam vivenciar plenamente a chegada do filho e passar pelo período perinatal sem maiores transtornos, sentindo-se fortalecidos no novo papel da vida adulta, podendo atender às necessidades do bebê tão dependente. Concordo com Biscaia (2016, p. 30), quando refere que "o mundo psíquico cria-se e ganha sentidos sempre na relação e da qualidade do afeto que a alimenta. Por isso, sendo um mundo interno e subjetivo, é sempre um mundo intersubjetivo", no entrelaçamento do dentro e do fora, do neurobiológico e do relacional, na interdependência e reciprocidade.

Neste capítulo, portanto, vou priorizar as teorias e os autores que defendem a importância relacional na construção do psiquismo, ou seja, o que os pais, em suas diferentes funções, precisam para conhecer, receber, atender e entender seu bebê, dando-lhe, acima de tudo, condições de segurança básica, para se constituir a posteriori num indivíduo independente.

Os estudos psicanalíticos atuais, como os de Lasnik (2013), Dolto (2016) e Parlatto (2020), têm descrito, cada vez com mais requinte, as potencialidades e competências dos bebês, desde antes de seu nascimento, quanto à percepção e reações ao seu entorno, eminentemente em relação ao psiquismo e manifestações da figura materna. Porém inegável é ainda a constatação da dependência física e psíquica dos bebês em relação aos cuidadores. Para Winnicott (1978), pediatra e psicanalista, muito importante se faz proporcionar a sensação de continuidade das condições da vida intrauterina para o bebê e uma progressiva introdução de estímulos e privações, sob pena de desencadear ansiedades insuportáveis à criança, denominadas por ele de "catastróficas". A falta dessa segurança e os desamparos físico e psíquico podem provocar no recém-nascido sensações, como medo de cair, desfazer-se, liquefazer-se.

Em função dessa necessidade de continuidade, profissionais da saúde têm inovado nas condições em que ocorre o parto. Winnicott (*apud* ZIMERMAN, 2004) distingue os conceitos de *handling* e *holding*. O *handling* seria a forma como o bebê é manuseado, manipulado, acolhido em suas necessidades fisiológicas, como alimentação, higiene e colo. Já o *holding* se relaciona à capacidade da mãe (ou substituto) de captar, entender e atender as angústias e necessidades psíquicas do bebê.

Em 1978, Winnicott descreve outro conceito fundamental na relação mãe-bebê: a "preocupação materna primária", um estado mental de sensibilidade aumentada, quase uma doença, em que se encontram as mulheres no período perinatal, desde o final da gravidez até os primeiros meses do seu filho, o qual possibilita regredir até o estado primitivo e instintivo do bebê para cuidar dele, mas do qual deve se curar (reprimir).

Para Ribeiro, Santos e Zornig (2016), o ambiente facilitador sensível ao bebê prepara as condições para que ele viva o que a psicanálise denomina experiência de onipotência primária, contribuindo para a constituição primária do ser. Essa questão supõe que a mãe se relacione de modo especializado e seja devotada e identificada àquele sujeito, à decifração de seus movimentos singulares e seus ritmos, podendo alcançar um grau de previsibilidade de poder estar no lugar esperado, no momento esperado.

Mais tarde, tornando-se uma "mãe suficientemente boa", proporciona o amor possível, vivendo numa sintonia, permitindo ao bebê viver num estado de simbiose com ela, mas que, depois pode frustrar, não estando sempre presente, permitindo ao bebê desenvolver sua "capacidade de estar só", até mesmo quando está em presença da mãe.

Todo esse cuidado atento e dedicado, que tem sido descrito como a "função materna", que se materializa por meio do "fino trabalho de bordado da mãe entre o corpo e a linguagem" (JERUSALINSKI, 2014, p. 25) manifesta-se por meio de determinadas condutas interacionais. Dentre elas:

- constância da <u>presença</u> materna, paterna ou substituto, o que proporciona sensação de segurança;
- <u>empatia,</u> ou o que Bion denominou *revêrie* e Winnicott, *holding* (*apud* ZIMERMAN, 2004); identificação da mãe com o bebê, não apenas por meio dos órgãos do sentido, ou de conhecimentos intelectuais, mas também da intuição;
- <u>continência</u>, descrita por Bion (*apud* ZIMERMAN, 2004) como condição de disponibilidade para acolher, decodificar, transformar

e devolver as emoções ao bebê, devidamente nomeadas e significadas. Capacidade de fazer a identificação introjetiva das identificações projetivas colhidas da criança, ou seja, capacidade de fazer ressonância com o que é projetado dentro dela (necessidades, angústias, desejos, demandas, terrores sem nome);

- <u>decodificação e nomeação</u> do choro e dos movimentos corporais que são as primeiras manifestações de comunicação do bebê. Condutas corporais sintomáticas podem ser a expressão de que o relacionamento pais-bebê não vai bem. Mães deprimidas, por exemplo, com dificuldades de investir afetivamente no bebê, dificuldades de estruturação familiar e/ou com falta de rede de apoio, podem não conseguir estar disponíveis para seu filho como ele precisa. Como consequência, o bebê pode desenvolver sintomas, como: anorexia, refluxos intermitentes, problemas digestivos e de sono, infecções repetidas, manifestações essas que expressam, por meio do corpo, suas necessidades psíquicas (MORAES, 2010);

- atenção e <u>gratificações</u> imperiosas. O bebê recém-nascido não tem condições de suportar dores ou privação por muito tempo (geralmente manifestados por choro constante), sem que isso acarrete sofrimento, ansiedade ou "desistência" da vida, como demonstrou Spitz (2004), quando estudou crianças abandonadas e institucionalizadas;

- <u>amamentação</u>: o bico do seio dá sensação de conteúdo-continente, de estar novamente dentro, contido. Em capítulo específico neste livro, vou discorrer sobre o significado da amamentação que não se reduz à questão biológica da sobrevivência, mas que inclui a sensação de continuidade já citada, sendo o seio considerado metaforicamente o cordão umbilical externo que garante uma relação próxima e afetiva com a mãe, além de proporcionar proximidade e intimidade, entre mãe e bebê;

- o <u>contato pele a pele,</u> por meio da amamentação, os cuidados corporais, o banho, o colo, as carícias e brincadeiras facilitam a constituição do "Eu-pele"; conceito criado por Didier Anzieu (2000), de que se serve o bebê para representar a si mesmo como Eu, com seus conteúdos psíquicos a partir da experiência da superfície do corpo; uma interface que permite a distinção do fora e do dentro. Criação do Eu corporal, distinto do corpo da mãe;

- o bebê, no exercício de suas plenas capacidades neurológicas e desenvolvimentais, está pronto para o contato visual integrador. O <u>olhar</u> não é só importante como troca afetiva, mas também como uma forma de "significar" o bebê, de dar-lhe um sentido e uma identidade. O bebê se vê através dos olhos da mãe. Pode se sentir amado, admirado, causador de alegrias ou preocupação, indiferença, tristeza etc. O não ser olhado pode ser traumático e o que a psicanálise chama de "narcização" necessária para a criança pode não acontecer. Um paciente meu, com diagnóstico de esquizofrenia, relatava sempre sua dor diante do desviar dos olhos da mãe, cada vez que os procurava, criando um grande vazio em sua autoimagem e identidade;
- junto ao contato corporal, o brincar e o olhar, as <u>palavras</u> ditas ao bebê atribuem sentidos e significados à sua existência. Fazem parte da formação do apego e do que Dolto (1999) denominou "<u>banho de linguagem</u>", em que o bebê falado e com quem se fala passa a sentir-se importante, amado, valorizado em cada conquista, desenvolvendo sua autoestima, identidade, diferenciação e individuação. Importante sempre atentar para adjetivações e comparações. Françoise Dolto (1999) alerta para a relevância de cuidar sobre o que se fala para a criança, sobre a criança e no entorno da criança, já que a lembrança fica inscrita em seu inconsciente, além de "o bebê está submetido aos efeitos da linguagem que lhe escapa, àquela do inconsciente de seus pais (SZEJER, 2016, p. 9);
- Só depois de ter vivenciado a experiência de se sentir "sua majestade o bebê" (FREUD, 1914), a criança terá autoconfiança (narcisismo saudável) para enfrentar frustrações;
- como resultado do laço estabelecido, gradativamente, mãe/pai e bebê vão determinado <u>ritmos</u> de sono e alimentação, conhecendo-se e estabelecendo um vínculo que tem como características as daquele grupo familiar específico e único;
- as etapas posteriores, que envolvem aquisição progressiva de autonomia, como a fala, andar, controle dos esfíncteres e outras, serão uma continuidade e poderão ser influenciadas por essas etapas iniciais.

Por todas essas necessidades interacionais e intersubjetivas na constituição psíquica da criança, torna-se relevante que se conheça o psiquismo dos pais com suas histórias pessoais, relação com os próprios pais, repetições transgeracionais que podem se tornar "fantasmas no quarto o bebê", projeções narcísicas e expectativas, como serão discutidos no próximo capítulo. Não se pode e, segundo Winnicott (2002), não se deve ensinar ninguém a ser mãe, mas seu bebê pode ajudá-la, já que suas respostas de desenvolvimento e sorriso promovem trocas gratificantes.

A mãe que consegue desenvolver um "meio suficientemente bom", ou seja, sem faltas nem excessos, favorece que o bebê se expresse e experimente com espontaneidade e domine, de forma apropriada, as sensações dessa fase inicial da vida. A mãe que antecipa ansiosamente as necessidades do bebê ou projeta nele necessidades próprias ou alheias, dificulta o desenvolvimento psíquico da criança, sem a percepção real dele, e interrompe, com seus movimentos invasivos, o vir-a-ser da criança; é o que se chama de solicitude ansiosa. Uma das possíveis consequências é o bebê desenvolver uma identidade que lembra o "falso *self*", não o seu ser verdadeiro, com condutas que têm mais o objetivo de atender ao desejo da mãe do que a seu próprio desejo.

Por outro lado, mães sentidas como ausentes, por não reconhecerem a angústia da criança, não a nominar, podem desencadear o que Bion (*apud* ZIMERMAN, 2004) denominou "terror sem nome"; uma sensação de aniquilamento, principalmente se a mãe não aparece, não entende e responde com impaciência. Porém esses são casos extremos e podem ser minimizados quando tratados psicoterapicamente.

REFERÊNCIAS

ANZIEU, D. **O Eu-Pele**. Tradução de Zakie Rizkallah e Rosaly Mahfuz. 2. ed. São Paulo: Casa do Psicólogo, 2000.

BISCAIA, C. O nascer da vida psíquica. *In*: FRANCO, V. (org.). **Contributos psicodinâmicos para a intervenção precoce na infância**. Évora: Edições Aloendro, 2016.

DOLTO, F. **Tudo é linguagem**. Tradução de Luciano Machado. São Paulo: Martins Fontes, 1999.

FREUD, S. (1914) Sobre o narcisismo: uma introdução. Tradução de J. Salomão. *In*: FREUD, S. **Obras Completas**. Rio de Janeiro: Imago Editora, 1976. v. 14, p. 85-122.

JERUSALINSKI, J. **A criação da criança**. Salvador: Ágalma, 2014.

LASNIK, M. C. **A hora e a vez do bebê.** São Paulo: Instituto Langage, 2013.

MORAES, M. H. A clínica da maternidade: os significados psicológicos da depressão pós-parto. 2010. Tese (Doutorado em Psicologia do desenvolvimento humano, saúde e comunidade) – Faculdade de Psicologia, Universidade Federal de Santa Catarina, Florianópolis, 2010.

PARLATTO, E. **Os Saberes do bebê.** São Paulo: Instituto Langage, 2020.

RIBEIRO, F. S.; SANTOS, N. T. G.; ZORNIG, S. N. A. J. **Dividida em dois?** A experiência materna nos casos gemelares. 2016. Disponível em: http://revistas.dwwe.com.br/index.php/NH/article/view/222. Acesso em: jan. 2021.

SPITZ, R. **O primeiro ano de vida.** São Paulo: Ed. Martins Fontes, 2004.

SZEJER, M. **Se os bebês falassem.** São Paulo: Instituto Langage, 2016.

WINNICOTT, D. W. **Textos selecionados:** da pediatria à psicanálise. Tradução de Jane Russo. Rio de Janeiro: Francisco Alves Editora, 1978.

WINNICOTT, D. W. **Os bebês e suas mães.** São Paulo: Martins Fontes, 2002.

ZIMERMAN, D. **Manual de técnica Psicanalítica:** uma revisão. Porto Alegre: Artmed Editora, 2004.

CAPÍTULO 3

O PROCESSO DA PARENTALIDADE – O BEBÊ NA MENTE DOS PAIS

Como citado nos capítulos anteriores, ninguém nasce pai ou mãe, as pessoas se tornam pais e mães (DELASSUS, 2003). Estudos psicanalíticos atuais, a partir de eminentes psicanalistas pós-freudianos, como Mahler, Bion, Winnicott, Françoise Dolto, Lebovici e outros, têm enfatizado a dimensão interacional, intersubjetiva na formação do psiquismo infantil. Por essa razão, relevante se faz o estudo do psiquismo dos pais.

Parentalidade é um termo que define os processos psíquicos e as mudanças subjetivas produzidas nos pais a partir do desejo de ter um filho, que perpassam o fator biológico, dependendo da estrutura da personalidade (intrapsiquismo), do grupo familiar (intersubjetividade) e da transmissão transgeracional (LEBOVICI *apud* SILVA; SOLIS-PONTON 2004). Trata-se de um processo complexo que apresenta características paradoxais ao fenômeno natural do parentesco.

Segundo Iaconelli (2015), a família moderna (até o século XX) era fundada no amor romântico, em que o filho era responsabilidade dos pais. Apesar de a família pós-moderna vir sofrendo grandes transformações (casais homoafetivos, famílias monoparentais, técnicas de reprodução assistida), dissociando conjugalidade e parentalidade, ainda persiste o desejo de tornar-se pai e tornar-se mãe. Tal desejo passa a depender, então, muito mais da história individual de cada um dos pais e de uma lógica do desejo, um longo percurso que se inicia muito antes do nascimento do filho e produz uma mudança irreversível no psiquismo parental (ZORNIG, 2012).

Assim, é com a bagagem psíquica individual, com as representações de seu próprio nascimento, de sua infância e da relação com os próprios pais, que homem e mulher vão se relacionar com seu filho. Muitas vezes, o que o casal deseja com o filho e para o filho é compartilhado e semelhante, unindo-o ainda mais; mas, em outras circunstâncias, casais podem, inclusive, separar-se a partir da convivência com a criança, nessa transição para a parentalidade, para além da conjugalidade.

As circunstâncias reais em que ocorreu a gravidez podem contribuir para facilitar ou dificultar o sentido do vínculo vivenciado com o filho: esse filho foi planejado? Existe um lugar emocional para essa criança? Ela é fruto do desejo de ambos componentes do casal? Ela é produto de um abuso ou incesto? Ela veio para alegrar uma avó viúva? Ela veio para fornecer células tronco para um irmão doente? Ela veio substituir um irmão morto? Ela veio destinada a ser o que os pais não conseguiram ser? Ela veio para mostrar que seus pais nunca serão superados? Ou ela veio para poder ser ela mesma em todas suas potencialidades?

Como citado, psiquicamente, homem e mulher revivem e reproduzem seus próprios vínculos precoces, projetando fantasias e desejos narcísicos e edípicos, o que colore e qualifica a interação com o filho. Freud, já em 1914, afirmava que os pais se sentem gratificados em seu narcisismo quando nasce o filho, vendo-se no lindo, perfeito e superamado bebê que os replica como bebês ideais. Por outro lado, se os pais guardam experiências por demais frustrantes desse período ou se o filho representa uma ferida narcísica, apresentando deficiências, malformações ou características indesejadas, podem se instaurar vínculos sem segurança e confiança para a criança e para os pais (KLAUS; KENNEL; KLAUS, 2000).

Melanie Klein (1974), em seus estudos com crianças e psicóticos, brindou a Psicanálise com a descoberta de fantasias inconscientes das crianças em relação a seus pais e, em especial, ao corpo materno, que desperta curiosidade, inveja, competitividade e raiva, pela capacidade de abrigar o pênis do pai e os bebês que produz, bem como medo de ter seu próprio corpo e genitais danificados como retaliação. Quando adultos, a capacidade de engravidar, ou quando têm um filho, pode representar a reparação de danos causados em fantasia ou, em caso de fracasso, confirmar a fantasia da vingança materna.

Da mesma forma, a elaboração do Complexo Edípico e sua inscrição inconsciente podem facilitar, ou dificultar, a interação com o bebê. O filho, falando de uma forma simplista e generalizada, pode representar inconscientemente, para um ou ambos os pais, o filho proibido do incesto, portanto um triunfo desejado e reprimido ao mesmo tempo. Se a proibição for muita intensa, existem várias possibilidades psicodinâmicas nesse período perinatal, desde a infertilidade até a representação do bebê como parte do superego rígido dos pais, dificultando a relação e a percepção da criança que se contamina com as projeções parentais.

Para complementar a complexidade psíquica dessa relação, Lebovici (2004) distingue cinco tipos de representação que a mãe (e pai) tem de seu bebê antes e depois de seu nascimento:

- o <u>bebê imaginário</u>: é o bebê das fantasias conscientes e pré-conscientes da mãe (produto do desejo de um filho);

- o <u>bebê fantasmático</u>: é o bebê fruto das fantasias inconscientes da mãe, herdeiro do complexo de Édipo (objeto do amor incestuoso interdito e reprimido);

- o <u>bebê narcísico</u>: é o bebê do narcisismo da mãe (significado como o melhor da mãe);

- o <u>bebê cultural</u>: que segue as expectativas da cultura; e

- o <u>bebê real</u>: o bebê na sua corporalidade concreta e real.

Dessas representações podem resultar interações/expressão de conflitos inconscientes, produtos de projeção inconscientes. Na prática clínica, deparo-me frequentemente com mães "recém nascidas" atormentadas com tais projeções, por exemplo, ouvindo, em cada choro do bebê, as recriminações de sua própria mãe, percebida como exigente e crítica, ou vendo na fragilidade do bebê a sua incapacidade, levando-as a confirmar suas próprias vulnerabilidades narcísicas. Esses exemplos reais ilustram algumas das dificuldades possíveis na relação com o bebê real, que assim não é visto nem entendido em suas necessidades e potencialidades.

Outra questão importante que interfere decisivamente na interação pais/bebês e na constituição da parentalidade é a transmissão intergeracional e transgeracional. Segundo atesta Granjon (2000, p. 24), os processos de transmissão intergeracional de pensamentos, afetos e história implicam

> [...] ligações com e entre diferentes níveis intrapsíquicos e intersubjetivos intermediadas pelo grupo, favorecendo transformações e conduzindo a uma diferenciação entre o que é transmitido e o que é herdado e depois adquirido. Esse trabalho permite a cada geração situar-se em relação às outras, inscreve cada sujeito em uma cadeia e um grupo, ou grupos, funda sua própria subjetividade, constituindo sua história e tornando-o proprietário da sua herança.

No entanto esse trabalho pode falhar, e a transmissão psíquica pode se tornar alienante, violenta, imposta, sem espaço de retomada e de transformação, criando lacunas, segredos, enigmas. Diferentemente da intergeracional, a função da transmissão transgeracional é "conter e manter fora do alcance certas questões de transmissão psíquica" (GRANJON, 2000, p. 28). A criança herdeira desses segredos e dessas patologias acaba presa nesse tipo de transmissão sem permissão para se tornar ela mesma, repetindo "a louca da tia fulana, o ciclano violento que renasce em cada geração da família, o chato avô beltrano", ou outros papéis não explicitados e verbalizados, mas esperados e cultuados ainda que inconscientemente. Nesse sentido, a questão transgeracional pode não ser algo escolhido como um modelo de identificação, mas um fantasma imposto e alienante. Por isso, diz-se que, para compreender um sujeito, é preciso conhecer a história de seus avós.

Considerar todos esses aspectos – intrapsíquicos, intersubjetivos e intergeracionais – é imprescindível para compreensão da interação normal ou patológica entre pais e bebês.

> Reconhecer a complexidade dos elementos que integram sua herança psíquica permitirá ao indivíduo passar de uma situação passiva que consiste em sofrer as exigências superegóicas a uma posição ativa. Processo que supõe uma filiação à linhagem e tem um segundo momento: o da tomada de distância marcada pela construção criativa de uma narrativa de sua própria história (SOLIS-PONTON, 2004 p. 40).

REFERÊNCIAS

DELASSUS, J. M. **Tornar-se mãe:** o nascimento de um amor. Tradução de M. C. Franco. São Paulo: Edições Paulinas, 2003.

FREUD, S. [1914]. Sobre o narcisismo: uma introdução. Tradução de J. Salomão. *In*: FREUD, S. **Obras Completas.** Rio de Janeiro: Imago Editora, 1976. v. 14, p. 85-122.

GRANJON, E. A elaboração do tempo genealógico no espaço do tratamento da terapia familiar psicanalítica. *In*: CORREA, O. B. R. (org.). **Os avatares da transmissão psíquica geracional.** São Paulo: Editora Escuta, 2000.

IACONELLI, V. **O mal estar na maternidade:** do infanticídio à função materna. São Paulo: Annablume Editora, 2015.

KLAUS, M. H.; KENNEL, J.; KLAUS, P. H. **Vínculo:** construindo as bases para um apego seguro e para a independência. Porto Alegre: Editora Artes Médicas, 2000.

KLEIN, M. **Inveja e Gratidão:** um estudos das fontes do inconsciente. Rio de Janeiro: Imago Editora, 1974.

LEBOVICI, S.; SOLIS-PONTON, L. Diálogo Leticia Solis-Ponton e Serge Lebovici: A construção da parentalidade. *In*: SILVA, M. C. P.; SOLIS-PONTON, L. (org.). **Ser pai, ser mãe, parentalidade:** um desafio para o terceiro milênio. São Paulo: Casa do Psicólogo, 2004. p. 21-27.

SOLIS-PONTON, L. A construção da parentalidade. *In*: SILVA, M. C. P; SOLIS-PONTON, L. (org.). **Ser pai, Ser Mãe, parentalidade**: um desafio para o terceiro milênio. São Paulo: Casa do Psicólogo, 2004. p. 29-40.

ZORNIG, S. A. Construção da parentalidade: da infância dos pais ao nascimento do filho. *In*: PICCININI, C. A.; ALVARENGA, P. (org.). **Maternidade e Paternidade**: a parentalidade em diversos contextos. São Paulo: Casa do Psicólogo, 2012.

CAPÍTULO 4

A PSICOLOGIA DA GRAVIDEZ – O BEBÊ NO CORPO DA MÃE

> *O corpo humano não é um organismo biológico da espécie humana,*
> *é um corpo atravessado por sua biografia.*
> (Françoise Dolto)

Refletindo sobre o tema deste capítulo, tive dúvidas sobre seu título: se deveria denominá-lo Psicologia da Gravidez ou Psicologia da Maternidade, tal a imbricação entre os dois temas. Optei por discorrer sobre os aspectos emocionais referentes às vivências física e psicológica do desenvolvimento do feto no corpo da mulher, embora o tema maternidade esteja associado.

Assim, defini como objetivos: (1) reafirmar que a gravidez não é um processo exclusivamente biológico, tal como já o fizeram Videla, Maldonado, Szejer, Bydlowski e outros autores. Em função disso, (2) compreender os fatores psíquicos e absolutamente subjetivos envolvidos na gestação e (3) esclarecer porque "não se nasce mãe, torna-se mãe" (DELASSUS, 2003), ou seja, identificar a maternidade como processo.

Para que se compreenda a gravidez como um fenômeno psíquico, mister se faz, ainda que simplificadamente, a inclusão dessa em um contexto histórico-cultural. Desde a Antiguidade, a mulher teve sua identidade atrelada à capacidade reprodutiva: procriar como a única forma de ser reconhecida, a ponto de mulheres estéreis serem assimiladas aos grupos de homens em tribos mais primitivas, a menarca sendo "celebrada" em rituais de passagem, a mulher passando a um lugar de desprestígio a partir da menopausa, ou sendo discriminada e excluída, caso apresentasse dificuldades para engravidar, ou para manter a gravidez.

Embora alguns desses elementos culturais ainda permaneçam nos dias atuais de forma menos explícita, as vivências sociais e psíquicas da maternidade foram sendo gradativamente modificadas com o advento da evolução tecnológica e mudanças na vida profissional das mulheres. Os progressos da Medicina, que indubitavelmente reduziram as taxas de mortalidade materna e infantil, foram trazendo consigo modificações sociais e psicológicas significativas na maternidade, dentre elas, a transformação da experiência essencialmente "de mulheres" e doméstica, para uma experiência eminentemente medicalizada e hospitalar.

Segundo estudo detalhado de Vera Iaconelli (2015), no decorrer dos tempos em nossa cultura, apesar da transformação do papel social da mulher, a expectativa em relação a ela ainda inclui a procriação, fato relacionado não só à perpetuação da espécie, mas também à importância, cada vez maior, atribuída aos cuidados primários e à amamentação na redução da mortalidade infantil.

Também a psicanálise tem demonstrado, com evidências científicas, que as primeiras relações com as figuras parentais são vitais para a constituição psíquica da criança, o que facilita a compreensão da relevância do vínculo, mas acaba por sobrecarregar e agregar exigências em relação ao papel e à função maternos e paternos.

A inclusão crescente da mulher no mundo do trabalho, bem como as técnicas de reprodução assistida têm propiciado ambivalência e dúvidas maiores em relação à maternidade, resultando em adiamento da decisão de engravidar e num incremento do temor de ter que optar entre maternidade e carreira profissional, bem como no aumento das ansiedades em relação à capacidade de conciliar os papéis materno e profissional. Apesar disso, os questionamentos, as cobranças e críticas familiares e sociais persistem, eminentemente, se a mulher opta por não ter filhos.

Desde o advento dos métodos contraceptivos, a concepção pode ocorrer por decisão consciente, racional e gratificante, constituindo-se numa oportunidade de crescimento e desenvolvimento, o que Lebovici (2004) denominou maternidade criativa. Para esse autor, a maternidade pode proporcionar, inclusive, um efeito terapêutico na mulher e no casal, com a possibilidade de reparação e elaboração de conflitos primordiais mediante a nova relação que se estabelece com o filho.

O fato é que, inevitavelmente, durante o período da gravidez, a mulher tem que lidar com muitas transformações relacionais, como a passagem do lugar de filha para o de mãe, a mudança de uma relação diádica com o companheiro para triádica incluindo o filho, além da convivência com outro ser dentro do seu corpo. No capítulo anterior, abordei os fatores que interferem na construção da parentalidade e do vínculo com o filho. Como salienta Szejer (1997), existe uma pré-história de cada gravidez, que inclui o desejo de ter um filho (Desejo consciente ou inconsciente? Desejo para quê? Desejo para quem?), a história da família, do casal e de cada um de seus membros.

Além disso, conceber e gestar um filho pode trazer de volta para a mulher recordações, fantasias e ansiedades inconscientes relativas aos conflitos vivenciados como filha, em sua maioria, reprimidas. Toda mãe nasce de uma criança em relação com sua própria mãe, e toda criança nasce de uma mãe em formação (ROSFELTER, 1994).

Segundo Raphael-Leff (1997), a implantação do óvulo fecundado conduz a mulher às profundezas de seu espaço psíquico, placenta psíquica de onde emanam os significados e a elaboração da concepção, a gestação e o parto, entranhados nas circunstâncias da realidade social, interferindo no puerpério e na relação com o bebê. Quando os conflitos inconscientes são mais fortes que o desejo consciente, pode-se detectar incremento de ansiedade, desenvolvimento de sintomas psicossomáticos e surgimento de sonhos ou pesadelos que ajudam a identificar que conflitiva está se manifestando.

As vicissitudes de uma gravidez podem ser diversas: as motivações inconscientes podem facilitar a concepção, ou impedi-la; podem não "autorizar" a continuidade dessa gravidez ou desenvolver sintomas que denunciam conflitos emocionais desde os mais leves até os mais graves, interferindo na saúde física e psíquica da mulher durante a gestação, prenunciando possíveis dificuldades na relação com seu bebê.

Algumas psicanalistas atentas, como Maldonado, Videla e Szejer, dão algumas indicações de como reconhecer as expressões do inconsciente nas gestantes. Todos os seres humanos passaram por uma barriga (ventre materno) e têm inscritos em seus inconscientes as lembranças reais e fantasiadas desde sua própria gravidez, parto e relação com a sua mãe e pai. Dentre os fenômenos psíquicos que ocorrem durante a gravidez, Monique Bydlowski (2009) definiu como "transparência psíquica" o estado mental das gestantes que apresentam um determinado nível de regressão psíquica e um abrandamento das defesas repressivas, possibilitando a um ouvinte atento a compreensão dos principais conflitos revividos nesse período.

A transparência psíquica estende-se desde a gestação até o puerpério, um estado relacional particular, como um pedido de ajuda, ambivalente e permanente; uma autenticidade do psiquismo, denotando uma correlação evidente entre a situação da gravidez atual com as lembranças do passado que escapam livremente do inconsciente sem serem reprimida. (BYDLOWSKI,

2009). Imagino que tal estado emocional esteja diretamente relacionado com o mágico e misterioso espetáculo que acontece dentro corpo da mulher que está, afinal, nada mais nada menos, que "preparando outra pessoa", como diz Caetano Veloso.

Nesse período perinatal, conta muito a constituição da autoimagem feminina, que depende da forma como foi recebida e valorizada narcisicamente por seus pais como menina, como vivenciou suas etapas do desenvolvimento psicossexual (oral, anal, fálica) e o complexo edípico, que tipo de identificação desenvolveu com sua mãe e pai e como viveu sua adolescência. Ainda, conforme o lugar que cada gravidez representa na ordem do nascimento dela e dos irmãos, a mesma mulher pode experimentar cada gravidez de forma diferente. Por exemplo, se teve uma irmã mais moça deficiente, de quem sentiu raiva pela atenção roubada, talvez tema a relação com um segundo filho.

Dentre os fenômenos psíquicos mais comuns detectados nos tratamentos psicanalíticos, estão: a dupla identificação da mulher, com a própria mãe e com o feto, a qual se constitui como boa e má, conforme ensinou Melanie Klein (1975), quando descreveu a posição esquizoparanoide, que não desaparece no inconsciente, apenas fica reprimida. Assim, pode haver identificações com a própria mãe simultaneamente de dois tipos: "boas" e cuidadoras e "más", críticas, exigentes, assassinas, retaliadoras, ladras de bebê.

Fantasias flutuantes, imagens inconscientes, versões de relacionamentos interiorizados, vozes que ameaçam e que apoiam, percepções podendo se manifestar projetivamente por meio de ideias e sentimentos diferentes e/ou concomitantes em relação ao bebê do tipo simbiótico ou paranoide, dentre outras (RAPHAEL-LEFF, 1997). Ou seja, a mulher pode, por exemplo, viver o bebê como uma parte de si mesma, ou como um invasor, parasita e ameaçador que atua a partir de dentro de seu corpo. As duas situações citadas localizam-se nas extremidades do extenso espectro em que a gestante pode se encontrar emocionalmente.

A gestante se adapta ao desenvolvimento do feto, seu corpo se expande e cresce para dar lugar ao bebê. De qualquer forma, "quando uma gestação evolui, houve um 'acerto' entre o feto, a placenta e a mãe que, por sua vez, confirma uma capacidade de hospedar e tolerar este diferente dentro de si" (DONELLI; CARON; LOPES, 2012, p. 398). A mulher tem, então, um tempo determinado para criar espaço e reconhecimento psíquico para seu bebê, ou seja, precisa compreender que esse ser, visceralmente ligado a ela, é um outro ser, com uma história própria.

Embora questionados por alguns autores, estudos psicanalíticos baseados em observação e tratamentos psicoterápicos, dentre os quais Videla (1997), Maldonado (2005), Langer (1986), demonstram a existência de características psíquicas, mais ou menos "universais", que surgem durante o ciclo gravídico, de acordo com o trimestre em que se encontra a gestação. Essas fantasias relativas ao desenvolvimento psicossexual, apresentado por Freud, são facilmente reconhecíveis nos sintomas desenvolvidos pelas gestantes, ainda que alguns deles, bem como sentimentos e sensações, possam se sobrepor, ou repetir, durante os nove meses.

O primeiro trimestre costuma ser caracterizado pela percepção das mudanças corporais, às vezes com euforia, outras com pânico, ou com os dois sentimentos simultaneamente, a chamada ambivalência. Por mais desejada que tenha sido, a notícia da gravidez sempre desperta dúvida, incerteza e receio em relação às mudanças de vida e de papel que virão. Igualmente, mesmo sendo uma "surpresa", muitas mulheres podem se sentir estimuladas com a oportunidade de crescimento e amadurecimento.

A vivência da ambivalência não é baseada apenas nas circunstâncias reais da gestante de levar essa gravidez adiante, ou das circunstâncias nem sempre ideais da fecundação, mas também, como salientado anteriormente, nas suas características psíquicas e histórico-familiares. Embora muitos sintomas possam ser explicados pelas transformações hormonais da gestação, o fato é que as reações são individuais e específicas para cada mulher, demonstrando a influência psíquica no desenvolvimento desses mal-estares.

Nesse primeiro trimestre, a gestante pode se identificar com o bebê, o que se manifesta por meio da hipersonia, aumento de apetite, desejos ou enjoos. Conforme lembra Maldonado (2005), não se pode generalizar o significado psicológico desses sintomas, atribuindo, por exemplo, os enjoos e vômitos à rejeição ao bebê. Às vezes, trata-se de rejeição ou forte ambivalência à situação e não necessariamente à criança. Em contrapartida, o aumento do apetite pode demonstrar um cuidado em nutrir a criança, fortalecer a si mesma, reprimir o lado negativo da ambivalência, entre tantos outros prováveis significados.

Até porque, como aponta Raphael-Leff (1997), a motivação inconsciente no que se refere à gravidez das mulheres pode variar muito. Algumas querem muito o filho, mas não suportam a gravidez; outras querem muito a gravidez, sem pensar no filho que virá, o que prova, mais uma vez, a necessidade da compreensão da subjetividade de cada mulher em especial. Além disso, a vivência corporal da gestação pode trazer muitos ganhos secundários, que tornam toleráveis os possíveis incômodos físicos, totalmente intoleráveis para outras mulheres, devido à sensação de estarem sendo consumidas, ou destruídas desde dentro.

Todos esses sintomas orais podem ser entendidos pela projeção da oralidade inconsciente e reprimida da mulher. Quanto maiores foram seus conflitos vorazes em relação à própria mãe – inveja do corpo que abriga o pênis do pai e outros bebês, inveja da capacidade produtiva da mãe, conforme evidenciou Melanie Klein (1974) –, mais intensos serão os sintomas da gestante, podendo mesmo colocá-la em risco, como no caso da hiperêmese, tema a ser discorrido no capítulo sobre gestações de risco.

Outros sintomas comuns, nesse período inicial, são a diarreia e a constipação, que estão relacionados a rememorações das fantasias anais infantis de concepção, conforme nos demonstrou Freud (1905) nos *Três Ensaios Sobre a Sexualidade Infantil*. A diarreia seria o medo, ou desejo, de perder o bebê; e a constipação, a defesa contra essa perda. Lembrando sempre que essas são algumas interpretações possíveis dentro da imensidão simbólica que cada sintoma traz em si.

Contudo é, sem dúvida, o conflito edípico feminino, desencadeado pelo complexo de castração, que pode se apresentar na multiplicidade de significados e sintomas na gravidez, consequência direta e "prova" de vida sexual ativa. Lembrando aos leitores que há uma diferença importante entre os conflitos masculino e feminino. De maneira simplificada, no que se refere ao conflito edípico masculino, o menino, após entender que é insuficiente para seu amor – a mãe –, e por medo de ser castrado pelo pai, identifica-se com esse para no futuro ter uma mulher igual à mãe. Já a menina, quando se dá conta que já é castrada, afasta-se com rancor de seu primeiríssimo objeto de amor – a mãe – e volta-se afetivamente para o pai, na expectativa de ter um pênis e posteriormente um filho com ele. Só depois de nova decepção e choque de realidade, ela volta a se identificar com a mãe para, futuramente, ter um homem como o pai e ser mãe como sua mãe (RAPHAEL-LEFF, 1997).

Essa sintetizada narrativa seria a resolução ideal para a conflitiva edípica. Sabe-se, no entanto, que, dependendo das respostas do meio – sedução, repressão, rejeição ou indiferença –, da possibilidade de repressão e de outras funções conscientes e inconscientes de cada criança, muitas são as tentativas e falhas no processo de resolução desse conflito. Pelo que Lebovici (2004) denominou "transbordamento psíquico" do período perinatal é que o complexo edípico, acompanhado de suas ansiedades típicas, é revivido e relembrado inconscientemente e se manifesta pelos sintomas físicos e psíquicos, bem como pelos sonhos durante a gestação.

O segundo trimestre parece um pouco mais calmo. A mulher já teve tempo para elaborar sua ambivalência e começa a usufruir desse momento criativo. O vínculo com o bebê está se construindo porque ficam mais evidentes os movimentos fetais e a proeminência do abdômen. Segundo Soifer (1984), a mulher está muito atenta aos movimentos e às mudanças de posição do bebê e pode atribuir-lhes diferentes significados, por meio de fantasias projetivas sobre ele.

Atualmente, o exame ultrassonográfico faz parte do cuidado pré-natal da mulher e do bebê. Não só propicia a descoberta do sexo, se a gestante está esperando um ou mais bebês, quanto informa as condições de saúde e pode indicar a necessidade de intervenções precoces, inclusive. Embora seja uma realidade, há ainda quem critique o ultrassom por essa ruptura com a fantasia e "encontro" com o bebê real. Há mães que ainda preferem não saber o sexo do bebê e manter o fator surpresa para o parto. De qualquer forma, com boas ou má notícias, os resultados desse exame acabam por interferir no vínculo com o bebê e podem revelar comportamentos específicos da mãe, do pai, de avós ou irmãos presentes.

Nara Caron (2000) e sua equipe, pesquisando o vínculo a partir do ultrassom pelo Método Esther Bick de Observação da Relação Mãe Bebê, tiveram a oportunidade de constatar fatores surpreendentes, positivos e às vezes muito tristes, quando a fantasia se confirma ou se desfazem prospecções em relação ao bebê. Ele está bem? Com quem se parece? É perfeito? Qual o sexo? Expectativas e temores que evidenciam não só como mãe e pai se sentem no processo físico e emocional da gestação, mas também possivelmente como será o vínculo com o bebê. Como ilustração, Dra. Nara relatou, em um encontro científico, em Florianópolis, o desespero de um pai ao ouvir o médico dizer que era uma menina. O pai negou totalmente a afirmação do médico e disse-lhe que, no próximo encontro, o pênis teria nascido.

Eu mesma, ocasionalmente esperando o elevador, ouvi um diálogo entre um casal que acabara de sair da clínica de ultrassonografia. O pai comentou como *"ela"* demorou a virar o rostinho para eles, ao que a mãe respondeu: *"Deve ser porque ela sabia que estavas ali"*. Obviamente fiquei tocada por esse pequeno trecho de diálogo e pensei em todas as possíveis causas e consequências dessa postura materna em relação ao pai.

O terceiro trimestre, em geral, costuma ser ocupado por pensamentos e receios em relação ao parto. Lembranças de histórias familiares, relatos de amigas, tranquilizações, muito terrorismo da parte de outras mulheres, que assim demonstram inveja, crítica, competição, o que em nada ajuda a gestante. A mulher sabe que, inevitavelmente, terá que passar pelo parto. Algumas mulheres tentam alternativas de controle em relação à data e forma de nascimento, que nem sempre funcionam, inclusive por meio de sonhos de antecipação. Ela passa por estados de ansiedade e depressão, sofre alterações do sono. Pode sofrer fobias, como medo de o corpo não voltar à forma anterior – assim como sua identidade –, ou receios em relação ao bebê, como medo de malformação, posição dentro do útero, movimentos excessivos ou insuficientes, que muitas vezes correspondem ao bebê desconhecido, à culpa pela ambivalência (SZEJER, 1997).

É um período de contradições porque, ao mesmo tempo que a mulher quer ver seu bebê e tê-lo nos braços, também tem saudade antecipada da barriga. Essa convivência visceral diária faz falta, e algumas chegam a verbalizar que "agora o bebê vai comigo sempre", "eu sei que aqui ele tem tudo que precisa", "aqui fora o mundo é tão duro", "nunca mais me senti sozinha".

Dependendo da história familiar, do nível de informações ou da falta delas, e mesmo mulheres muito bem informadas receiam o momento do parto. Algumas explicitam medo de morrer, ou de que o bebê morra. Inicia-se uma grande jornada em busca da decisão: parto normal ou cesáreo? Com que médico? Em casa ou na maternidade? E se não der tempo de chegar ao hospital? E se ainda não tiver tudo que preciso? Todas essas dúvidas podem refletir outras dúvidas subjetivas sobre sua capacidade de parir, medo de causar dano ao bebê, medo de que o bebê lhe cause danos, medo de se entregar a quem não conhecem (equipes médicas), medo de ser maltratada, entre outros. Temas a serem discutidos no capítulo específico sobre parto.

Em termos psíquicos, portanto, as gestantes oscilam entre a alegria, sentimento de potência e esperança de renovação da vida junto e por intermédio de seu bebê, e as inseguranças e incertezas sobre seu novo papel, a culpa pelo "triunfo edípico", as revivências de suas fragilidades. Como alertam Donelli, Caron e Lopes (2012), as mulheres grávidas dependem de suas estruturas de personalidade, suas defesas e suas potencialidades, para superar ansiedades de causa inconsciente e realidades adversas, se houver.

Uma das grandes preocupações de gestantes em depressão, ou qualquer outro sintoma de sofrimento psíquico, por mais casual e temporário que seja, é saber como o bebê vive isso com ela. Ele sente? Está passando isso para ele? Como minha experiência clínica com gestantes e puérperas tem demonstrado que o vínculo mãe/bebê depende de muitos e diferentes fatores e que, sim, o bebê reage às reações emocionais da mãe, fui buscar essas respostas no intuito empático de ajudá-las a construir um vínculo efetivo e saudável para ambos.

Diversos são os estudiosos da vida mental do bebê antes de nascer espalhados pelo mundo. Vou me valer dos estudos fisiológicos, neurológicos, bioquímicos e psicológicos, bem como de pesquisas internacionais compilados pelo Dr. Thomas Verny e por John Kelly (1988) para apresentar o que já se conhece sobre o tema.

O bebê intrauterino, a partir do sexto mês de gestação, é capaz de ver, ouvir, degustar e aprender ainda que de forma primitiva. E o mais importante, pode sentir e ter uma vida emocional ativa. As emoções do bebê dependem parcialmente das mensagens ouvidas que recebe a respeito dele, bem como de sentimentos maternos que o inundam dentro do útero. Alegria, prazer e boas expectativas podem contribuir significativamente para o desenvolvimento físico e emocional saudável do bebê.

Ansiedades e preocupações passageiras da mãe não são marcantes para o bebê. São aprendizagens. Porém padrões de sentimentos profundos e constantes vão ficando intensamente inscritos em seu psiquismo, deixando marcas em sua personalidade. O bebê intraútero pode sentir e reagir às emoções amplas, como o amor e ódio, mas também a "complexos estados afetivos mais matizados, como a ambivalência e a ambiguidade" (VERNY; KELLY, 1988, p. 16).

O bebê precisa, tal como depois de nascido, sentir-se amado, desejado. Ele necessita que a mãe e o pai falem com ele, pensem nele. Caso se sinta ignorado emocionalmente, seu corpo começará a debilitar-se. O incrível é que os estudos comprovam essa reação depressiva dos bebês, como se não tivessem motivos para crescer. Um exemplo desse tipo de conexão abandônica é o bebê, filho de mãe que nega a percepção da gravidez, que costuma se colocar não ostensivamente no ventre materno, mas que cresce de pé ao longo da coluna vertebral da mãe, quase como num conluio com ela para não ser visto.

Recentemente, as gestantes começaram a se comunicar mais com seus bebês na barriga: conversam, cantam, colocam músicas, combinam a hora de dormir, o que representa um avanço muito importante. Recomendo sempre às gestantes, quando estão sentindo alguma tristeza, raiva ou ansiedade, que contem isso ao seu bebê. Ele entende e pode significar os incômodos físicos e emocionais que são a ele repassados pelos hormônios, como adrenalina e cortisol, ou pelas batidas modificadas do coração materno.

O bebê é capaz também de identificar o tom de voz da mãe, amoroso, triste, choroso. Tive a experiência de acompanhar uma gestante que descobriu que seu bebê era portador da Síndrome de Down. Estava triste e revoltada e sentia seu bebê se movimentar muito na barriga. Essa é uma reação comum nos bebês ansiosos e que não estão entendendo o que se passa. Encorajei-a a conversar com ele. Ela conseguiu reconectar com ele e se acalmou, mesmo que os sentimentos de luto pelo bebê ideal persistissem.

Outro exemplo foi de uma gestante que bateu o carro, ficou muito assustada, e seu bebê mexia muito, a ponto de doer. O marido dela lembrou-se de contar para o bebê o que acontecera e avisar que estava tudo bem com ele e com a mãe, e ele pôde se acalmar, diminuindo também as dores da mãe.

Em situações drásticas e evidentes como essas, é mais fácil detectar a necessidade de falar ao bebê. Porém existem mães que são caladas, ou que têm vergonha de falar com a barriga e parecerem loucas; existem as que não acreditam que o bebê pode entender, as mães psicóticas e outras tantas com fortes sentimentos ambivalentes. Obviamente não se pode afirmar que da fala da mãe depende toda a formação da personalidade do bebê. Contudo, quando a linguagem verbal está inserida desde o útero, introduz-se o bebê no mundo. Gestantes em acompanhamento pré-natal psicológico têm a oportunidade de serem auxiliadas em suas angústias e ambivalências e de fortalecerem seu vínculo com o filho, também por meio da fala.

REFERÊNCIAS

BYDLOWSKI, M. **Psychopahologie périnatale**: du blues á la depressión maternelle postnatalle, 2009. Disponível em: gyneweb.fr/sources/obstetrique/blues/htm. Acesso em: 27 jan. 2009.

CARON, N. (org.). **A relação pais-bebê:** da observação à clínica. São Paulo: Casa do Psicólogo, 2000.

DELASSUS, J. M. **Tornar-se mãe:** o nascimento de um amor. Tradução de M. C. Franco. São Paulo: Edições Paulinas, 2003.

DONELLI, T. S.; CARON, N.; LOPES, R. C. S. A experiência materna do parto: confronto de desamparos. **Revista de Psicanálise da Sociedade Psicanalítica de Porto Alegre**, Porto Alegre, v. 19, n. 2, p. 295-314, ago. 2012.

FREUD, S. (1905). Três ensaios sobre a sexualidade infantil. Tradução de Jayme Salomão. *In*: **Obras completas.** Rio de Janeiro: Imago Editora, 1976.

IACONELLI, V. **O mal estar na maternidade:** do infanticídio à função materna. São Paulo: Annablume Editora, 2015.

KLEIN, M. **Inveja e Gratidão:** um estudo das fontes do inconsciente. Rio de Janeiro: Imago Editora, 1974.

LANGER, M. **Maternidade e Sexo.** Porto Alegre: Editora Artes Médicas, 1986.

LEBOVICI, S.; SOLIS-PONTON, L. Diálogo Leticia Solis-Ponton e Serge Lebovici: A construção da parentalidade. *In*: SILVA, M. C. P.; SOLIS-PONTON, L. (org.). **Ser pai, ser mãe, parentalidade:** um desafio para o terceiro milênio. São Paulo: Casa do Psicólogo, 2004. p. 21-27.

MALDONADO, M. T. **Psicologia da Gravidez.** 17. ed. São Paulo: Editora Saraiva, 2005.

RAPHAEL-LEFF, J. **Gravidez:** a história interior. Porto Alegre: Editora Artes Médicas, 1997.

ROSFELTER, P. **El nacimiento de una madre:** bebe blues (O nascimento de uma mãe). Buenos Aires: Editora Nueva Visión, 1994.

SOIFER, R. **Psicologia da gravidez, parto e puerpério.** Tradução de Ilka Valle de Carvalho. Porto Alegre: Editora Artes Médicas, 1984.

SZEJER, M.; STEWARD, R. **Nove meses na vida de uma mulher:** uma abordagem psicanalítica da gravidez e do nascimento. São Paulo: Casa do Psicólogo, 1997.

VERNY, T.; KELLY, J. **La vida secreta del niño antes de nacer.** (A vida secreta da criança antes de nascer). Barcelona: Ediciones Urano, 1988.

VIDELA, M. **Maternidad:** mito y realidad. (Maternidade: mito e realidade). Buenos Aires: Ediciones Nueva Visión, 1997.

CAPÍTULO 5

AS GESTAÇÕES DE RISCO

As gestações chamadas de risco, segundo o *Manual Técnico do Ministério da Saúde* (2010), são situações limítrofes que podem implicar riscos tanto para a mãe quanto para o feto, durante a evolução da gestação ou trabalho de parto.

Os fatores de risco são distintos:

a) de acordo com características individuais e condições sociodemográficas desfavoráveis: idade maior de 35 anos; idade menor de 15 anos ou menarca há menos de dois anos; altura menor de 1,45m; peso gestacional menor de 45 kg e maior de 75 kg; anormalidades estruturais nos órgãos reprodutivos; situação conjugal insegura; conflitos familiares; baixa escolaridade; condições ambientais desfavoráveis; dependência de drogas lícitas e ilícitas; exposição a riscos ocupacionais: esforço físico, exposição a agentes físicos, químicos e biológicos nocivos, estresse;

b) Quando já há doenças ou antecedentes históricos predisponentes a risco, como segue:

1) na história reprodutiva anterior: abortamento habitual; morte perinatal explicada ou inexplicada; história de recém-nascido com crescimento restrito ou malformado; parto pré-termo anterior; intervalo interpartal menor que dois anos ou maior que cinco anos; nuliparidade, ou grande multiparidade; síndrome hemorrágica ou hipertensiva; diabetes gestacional; cirurgia uterina anterior (incluindo duas ou mais cesáreas anteriores); deficiências ou malformações em gestações anteriores; fracassos anteriores em tentativas de Reprodução Assistida;

2) condições clínicas pré-existentes: hipertensão arterial; cardiopatias; pneumopatias; nefropatias; endocrinopatias; epilepsia; doenças infecciosas; doenças autoimunes; ginecopatias; neoplasias; diabetes; trombofilia; Aids.

c) fatores de risco desenvolvidos durante a gestação: desvio quanto ao crescimento uterino, número de fetos, quantidade e qualidade do líquido amniótico; trabalho de parto prematuro e gravidez prolongada; ganho ponderal inadequado; pré-eclampsia (aumento de pressão arterial e proteinuria); eclampsia (convulsões não geradas por epilepsia); diabetes gestacional; amniorrexe prematuro; hemorragias da gestação: abortamentos (em andamento, retidos, infectados), deslocamento placentário; Síndrome de Hellp; hiperêmese; pseudociese; mola hidatiforme; cirurgia uterina anterior (incluindo duas ou mais cesáreas anteriores); deficiências ou malformações em gestações anteriores; fracassos anteriores em tentativas de Reprodução Assistida;

d) gestações que se desenvolvem em mulheres com transtornos emocionais prévios, como psicose, pânico, dependência química, transtornos alimentares e outros.

> A mulher que apresenta um distúrbio psiquiátrico na gestação deve ser considerada como uma gestante de alto risco, a fim de que seja tratada com a atenção especial que estas patologias merecem, devido aos grandes danos que podem trazer à mãe, à gestação, ao feto e, posteriormente, à criança (CAMACHO; CANTINELLI; RENNÓ JR, 2010, p. 151).

Nesses casos, da mesma forma que nos riscos físicos, há uma sobrecarga emocional devido às vicissitudes do processo de gravidez e da patologia já existente. Importante diagnosticar claramente, por exemplo, se um quadro de transtorno de ansiedade já existia, ou se surgiu desencadeado pela gestação. Conforme descrito no capítulo anterior, numa gravidez que transcorre dentro do esperado, os possíveis temores ou fantasias (1) podem continuar reprimidos e inconscientes, (2) podem manifestar-se mediante sintomas leves e superáveis ou (3) podem se manifestar mediante sintomas mais graves e prejudiciais tanto para a mãe quanto para o bebê.

Psicologicamente, a gravidez diagnosticada como de alto risco, durante o indispensável acompanhamento médico, tende a incrementar as dificuldades de uma gestação normal, na medida em que acrescenta preocupações reais em relação à saúde da gestante e do bebê. A gestante tende a se sentir mais frágil, apreensiva, impotente, pois o risco está presente e vívido em seu corpo. Há uma sobreposição de preocupações: com a gestação em si e com o risco.

Os sentimentos predominantes são de impotência, baixa autoestima, sensação de incapacidade de gerar um filho, medo do que acontecerá com seu corpo e com o bebê (TACHIBONA et al., 2006). Por sua vez, intensos níveis de ansiedade e de medo podem interferir na qualidade da gestação, contratilidade uterina no momento do parto e relação posterior com o bebê, lembra Maldonado (2005). Além disso, o estresse, a ansiedade e a depressão aumentam o risco de parto prematuro e favorecem problemas de saúde mental no pós-parto.

Em minha prática clínica, tenho observado que a maioria das pacientes que já se tratam, psiquiátrica e/ou psicologicamente, continuam seus tratamentos, embora haja outras com tendência a interromper seus tratamentos psicológicos, negando dificuldades em um momento tão idealizado. Outras se assustam com seus intensos sentimentos depressivos e suas ansiedades e, mesmo que nunca tenham se tratado, procuram atendimento especializado por iniciativa própria, ou por indicação.

Nas gestações em que há risco, portanto, muito importante se faz a detecção precoce do médico obstetra, ou de outro profissional da saúde, para que as gestantes, em qualquer uma das condições citadas, tenham a oportunidade de poder fazer um tratamento psicológico preventivo, evitando maiores complicações para elas, para o bebê e para as famílias. Por isso, é tão importante o acompanhamento psicológico individual, ou em grupo, com essas gestantes, para que se sintam acolhidas em seus medos e encorajadas a se cuidarem e superarem suas debilidades físicas e emocionais.

A seguir, descrevo circunstâncias especiais de gestação de risco que, quando ocorrem, surpreendem gestantes e equipes e, por isso, necessitam efetivamente de atenção psicológica:

HIPERÊMESE

A hiperêmese é um quadro de náuseas e vômitos intermitentes ao longo da gestação, continuando para além da décima segunda semana, quando normalmente diminuem até desaparecer. Esses vômitos afetam o equilíbrio hidroeletrolítico e nutritivo, podendo afetar o desenvolvimento fetal e acarretar perda de peso, desidratação, desnutrição e outros transtornos metabólicos maternos de maior gravidade. Há risco de parto pré-termo e baixo peso do bebê ao nascer (CABRAL et al., 2018).

A incidência desse quadro é de 1 a 5 para cada 1000 gestações. O que as equipes de maternidades relatam é que essas pacientes costumam internar várias vezes durante a gravidez. Algumas com o histórico de voltar na mesma semana ou até no mesmo dia da alta médica hospitalar. O tratamento farmacológico se constitui basicamente de soro, anti-histamínicos, antieméticos e outros medicamentos indicados, caso a caso.

Dependendo do grau de gravidade, o tratamento pode ocorrer por procedimentos não farmacológicos, como medidas alimentares e mudanças nutricionais, acupuntura, uso de vitaminas. Alguns profissionais acreditam que apenas a retirada da gestante de seu ambiente pode ter um efeito terapêutico. Pacientes relatam que se sentem melhor e mais protegidas quando internadas – observações e verbalizações percebidas durante pesquisas minhas em maternidades.

As avaliações apressadas e estereotipadas podem significar a hiperêmese como rejeição do bebê. No entanto, "esta rejeição pela criança pode ser provocada amiúde por circunstâncias econômicas adversas, por dificuldades sociais, pelo desamor do marido, etc." (LANGER, 1986, p. 193). Da mesma forma, a hiperêmese pode representar um pedido de ajuda, uma forma de atrair a atenção para seu sofrimento psíquico. Observa-se, por exemplo, culpa por não nutrirem seu bebê, medo de destruir o feto, ou de ter um filho deformado.

A dependência afetiva que as gestantes desenvolvem em relação ao hospital parece relacionada a fenômenos transferenciais de dependência, em que as mulheres encontram segurança e acolhimento na equipe (*holding*). Em outros casos, o hospital serve de refúgio para a fome e violência doméstica.

Psicanaliticamente, a hiperêmese pode estar associada à forte ambivalência, com predomínio da face hostil, em que os impulsos agressivos se manifestam contra a situação gravídica e predominam fantasias infantis de fecundação via oral (SOIFER, 1984). Há ainda a interpretação possível, de acordo com as associações livres das pacientes, de que elas vomitam o que há de "mau" em si, para salvar o bebê.

O quadro de hiperêmese ocorre em mulheres com forte tendência à dependência exagerada em relação à própria mãe não elaborada adequadamente, ou com projeções hostis na figura do feto, que se apresenta no inconsciente materno como representante psíquico da própria mãe internalizada como pouco provedora e responsável por primitivas frustrações orais ou, ainda, que desenvolveu "identificação com o agressor", se sua mãe também teve hiperêmese (TACHIBONA *et al.*, 2006).

Durante o tratamento psicoterápico, a gestante pode entender que frases, como "vai passar", "isso é sinal que estás mesmo grávida", "na nossa família todas as mulheres vomitam assim", não contemplam o acolhimento e a compreensão de que necessita no momento. A psicoterapia pode auxiliá-la a conseguir reconhecer as fontes da agressividade em relação à gestação e deixar de projetá-las no marido, no bebê ou na equipe, vivenciando seus lutos sem precisar se valer de somatizações e *acting-outs*.

Elaborando seus lutos precoces atualizados no acompanhamento psicoterápico, bem como se sentindo acolhida pela equipe da maternidade preparada para não criticar, não ironizar e não ridicularizar, a mulher se fortalece e passa a agir de maneira autêntica e espontânea em relação à criança, que é o que ambas precisam.

PSEUDOCIESE

Etimologicamente, pseudociese significa uma falsa gravidez (pseudo=falso, *kyesis*=gravidez), também chamada pseudogestação ou gravidez psicológica. Trata-se de uma situação em que a mulher simula, não conscientemente, uma gravidez, apresentando vários sintomas gravídicos, estando o útero vazio. Pode ocorrer em mulheres, homens (mais raramente) e em animais – mais comumente em cadelas.

Biologicamente, parece envolver o hipotálamo e a região límbica, alterando níveis de hormônios dosados no sangue e na urina. Aqui se está diante do campo da psicossomática, em que há uma forte correlação entre os sentimentos e o corpo, o estado emocional interfere no humor e nos hormônios e vice-versa.

Em termos psicológicos, essa gravidez, que não existe de fato, é criada inconscientemente por mulheres que desejam muito, ou temem, a gravidez. Trata-se novamente do conflito entre desejo e interdição, a ambivalência. Dentre as possíveis reações subjetivas, a pseudociese pode ser desencadeada pelo medo inconsciente da responsabilidade com o filho, por pressão da família, poucas capacidades de tolerar frustrações e inseguranças, tentativa de salvar um relacionamento. Pode também ocorrer após várias tentativas fracassadas de Reprodução Assistida.

Os sintomas são semelhantes aos de uma gestação real. Numa postagem de 17 de julho de 2018, no site do Espaço Winnicott, encontram-se listados náuseas, ausência de menstruação, aumento de volume abdominal, início de lactação, podendo a mulher sentir o bebê mexer na barriga e apresentar alteração na marcha, como as gestantes costumam desenvolver. Pesquisa realizada por Bianchi, Garbelini, Basílio, Lopes e Jorge (2008) revela que a incidência desses casos é de 1 entre 5000 mulheres, que se encontram em diferentes faixas etárias e níveis socioeconômicos, que não têm filhos, solteiras ou casadas inférteis, com tendências neuróticas.

A descoberta da inexistência do bebê costuma ser acompanhada de crises de ansiedade e depressão, e pode associar-se algumas compulsões, dificuldade de aceitar a não gravidez, decepção. O tratamento deve ser interdisciplinar, incluindo obstetra, endocrinologista e psicólogo. Biologicamente, são aplicados hormônios e, às vezes, a medicação psiquiátrica se faz necessária.

Os autores anteriormente mencionados recomendam apoio familiar e psicoterápico. O transtorno emocional deve ser resolvido, a mulher tem que se sentir amada, mesmo não sendo mãe. Importantíssimo é estabelecer o diagnóstico diferencial entre a pseudociese – em que a mulher segue sua vida como antes, apesar de acreditar que está grávida de um delírio psicótico, em que a gravidez leva a alucinações corporais – e a paciente está fora da realidade, com comportamentos confusos e desconexos.

MOLA HIDATIFORME

Também chamada de gravidez molar, a mola hidatiforme ocorre quando um feto não viável se transforma em um tumor benigno (tumor trofoblástico gestacional). Na análise do tumor, pode-se encontrar a presença residual de um embrião, ou tecido placentário. O principal sintoma é sangramento. A incidência é de 1 caso para cada 2000 gestações. O tratamento ocorre por esvaziamento uterino. Faz-se necessário um controle ulterior, por meio de ultrassonografias, para monitorar a involução de cistos ovarianos, e de exames radiológicos para detectar possíveis metástases assintomáticas (MINISTÉRIO DA SAÚDE, 2010).

Em caso de complicação ou persistência do tumor celular que se torna maligno, o tratamento passa a ser quimioterápico (ANDRADE, 2009). Na dimensão psicológica, o sofrimento é inevitável, pois, além de descobrir que não está mais grávida, a mulher tem que enfrentar e controlar uma doença complexa, com potencial maligno. Exatamente como nas situações anteriores, coabitam na mulher sentimentos de decepção, ansiedade e luto. Psicodinamicamente, a história da mulher vai apontar para as causas, e na psicoterapia as consequências dessa situação podem ser elaboradas.

GEMELARIDADE

A gravidez gemelar se caracteriza pela presença de dois ou mais fetos na cavidade uterina. Embora tenha ocorrido sistematicamente na história da humanidade, na contemporaneidade tem sua frequência aumentada devido aos procedimentos de Reprodução Assistida. Fisiologicamente, as gestações múltiplas são consideradas de risco, pois estão associadas ao aumento da morbiletalidade fetal, prematuridade e baixo peso, maior frequência de malformações, alterações nas vascularizações e na quantidade de líquido amniótico. Pode ocorrer aumentada morbidade materna: pré-eclâmpsia, eclampsia e hemorragias puerperais (DAVID et al., 2000). Daí a necessidade consultas pré-natais mais frequentes.

A via de parto é decidida via monitoração das condições respiratórias e posição dos fetos, embora a maior ocorrência de partos gemelares sejam de cesarianos. Há poucos estudos publicados sobre a situação emocional da mãe de gêmeos. Diante dos temas discutidos até aqui, pode-se supor o risco psíquico no sentido de sobrecarga física e de demandas reais e fantasiadas em relação aos bebês.

Imagina-se que, a menos que a gestação múltipla seja um desejo consciente como forma de dar seguimento à tradição familiar, por exemplo, a notícia de gêmeos seja sempre uma surpresa, e os temores e ansiedades comuns a qualquer gravidez, sejam multiplicados. Além disso, há a possibilidade de um deles não sobreviver ou de ser doente.

Outro temor frequente é que, devido à possibilidade de prematuridade, que levaria um ou todos os gêmeos à UTI neonatal, mãe e filhos tenham que ser afastados logo após o parto. Acrescenta-se a isso, determinados mitos sociais em relação aos gêmeos que podem atemorizar os pais, tais como: 1) as mães não dão conta de amamentar os filhos gêmeos; 2) a mãe precisa de uma vasta rede de apoio (eu, particularmente, considero esse item fato, e não mito) e 3) há sempre um gêmeo bom e outro ruim (DAVID et al., 2000).

Caron (2000), em suas pesquisas sobre a relação mãe-bebê, detectou, por meio do ultrassom, que, durante a gestação, já existe um vínculo estabelecido com os bebês, podendo até haver evidentes preferências, como num caso em que a mãe se ligou mais ao bebê maior e mais ativo que ela qualificara como "engraçado". No decorrer da gravidez, esse bebê veio a falecer. A mãe ficou tão perturbada que encontrou como solução para seu luto trocar os nomes dos bebês. O que sobreviveu, menor e mais calmo, recebeu o nome do irmão favorito da mãe. Esse e outros tantos exemplos práticos demonstram que o apego, o vínculo, acontece com os gêmeos, mas pode se manifestar de formas diferentes, conforme as projeções da mãe e do pai desde a gestação.

A maior parte dos artigos pesquisados fala sobre a relação da mulher com os gêmeos durante a formação do apego após o nascimento. Embora não faça parte do objetivo deste livro, importante ressaltar algumas peculiaridades: os gêmeos costumam ter uma complementariedade, inclusive se revezando em suas necessidades de colo e amamentação, eles costumam estabelecer códigos próprios de linguagem e comunicação. É muito importante que os pais os diferenciem o mais rápido possível, ou seja, que não sejam tratados como um só, o que os levaria a desenvolver uma dependência patológica mútua e em relação à mãe.

No entanto penso que, para proporcionar a continuidade do vir-a-ser, recomendado por Winnicott (2011), a separação dos irmãos deve ser gradual. É bastante evidente o quanto os gêmeos recém-nascidos se tranquilizam quando dormem próximos um ao outro ou quando a mãe acolhe ambos no colo. A rede de apoio torna-se fundamental para evitar o estresse materno.

As naturais exigências e sobrecargas físicas e emocionais, a falta de colaboração ou compreensão da exaustão materna e a dificuldade de empatizar com as necessidades físicas e psíquicas de mais de um bebê ao mesmo tempo podem tornar necessário o acompanhamento psicológico pré e pós-natal, como a oportunidade de reflexão sobre a situação, fornecendo condições de elaboração de temores e projeções maciças esquizoparanoides (bom e mau) sobre os bebês desde a gravidez.

GRAVIDEZ NA ADOLESCÊNCIA

A gravidez na adolescência é um fato crescente na sociedade ocidental. Historicamente sempre existiu, mas vem sendo significada de diferentes formas de acordo com a época em que ocorre. Há algum tempo, era comum o casamento de adolescentes, muitas vezes com homens mais velhos, e a gravidez nessas condições parecia normal.

Nas décadas em torno ou antes de 1960, sob a égide religiosa, a gravidez na adolescência era motivo de vergonha para as famílias e escolas, sendo as meninas solteiras afastadas de casa para ter o bebê longe de sua comunidade, tendo que abrir mão dos filhos, convertendo-se essas situações em segredos familiares, ou sendo as adolescentes obrigadas a casar com o pai da criança. Segundo Videla (1993), em termos gerais, o destino dessas adolescentes era o convento ou a prostituição.

Ainda hoje, a gravidez precoce, entre 13 e 18 anos, é vista como resultante de ignorância e promiscuidade, embora ocorra em todos os níveis socioeconômicos, afetando significativamente as famílias. A questão preocupante em termos de saúde materno-fetal é que muitas adolescentes ocultam, ou negam, sua realidade, impossibilitando a detecção precoce de dificuldades e patologias. Nas classes mais baixas, Videla (1993) aponta a relação direta entre o alto risco da gravidez na adolescência com a pobreza, a desnutrição e saúde frágil.

Biologicamente, as adolescentes que estão bem cuidadas sofrem mais pela problemática inconsciente, cuja autonomia e maturidade ainda não foram atingidas, pondo-as em risco psicossomático, como expressão dos conflitos emocionais. Incredulidade, susto e dúvida sobre como contar à família, que atitude tomar, são os primeiros sentimentos.

O meio costuma ter "pena" ou "raiva" das adolescentes por todas as transformações que virão. Da mesma forma, existem pré-concepções de "fim da vida" para a adolescente e de "ser mal cuidado e negligenciado" para o bebê. Do ponto de vista das adolescentes, vários autores pesquisados por Levandowski e Flores (2012) demonstram que há conflito entre amor e arrependimento, sentem-se pressionadas a provar que podem ser boas mães.

Os autores citados também levantam a questão social das adolescentes que veem perdidas, ou adiadas, oportunidades de trabalho e estudo, apesar de demonstrarem amadurecimento após o nascimento dos filhos.

> Embora a gravidez tenha sido permeada por culpas, medos e sentimentos de tristeza, abandono e estranhamento em relação ao próprio corpo, com a chegada do bebê foram referidos sentimentos como alegria, satisfação, gratificação e recompensa (LEVANDOWSKI; FLORES, 2012, p. 371).

Não é incomum que familiares e amigos se mostrem surpreendidos com a desenvoltura e conexão das adolescentes com seus bebês.

Psicologicamente, são muitas as motivações inconscientes para a gravidez na adolescência. Repetições familiares, revivência do Complexo de Édipo nesse período, desejo de devolver um irmão morto à mãe, desejo de se sentir menos controlada e vigiada pela mãe, dando-lhe um bebê para cuidar e tantos outros possíveis, quantas histórias e significados pessoais possam haver. Junta-se a isso, o prejuízo da desinformação que ainda existe, a característica onipotente da adolescência que as faz se sentirem incólumes a consequências de seus atos, a pressão dos namorados em não utilizar camisinhas – se a menina é muito dependente afetivamente –, sem falar na quantidade de situações de abuso, violência e incesto a que muitas adolescentes estão submetidas.

A adolescência também é considerada de risco, por acarretar, além das questões familiares e sociais, uma sobrecarga psicológica causada pela vivência de dois períodos de grandes transformações físicas e emocionais, que são a própria adolescência e a gravidez, quase que um "atropelamento" de momentos considerados críticos na vida da mulher, em função do grande desequilíbrio hormonal e de todas mudanças exigidas.

Essa situação, como todas as outras situações que envolvem riscos físicos e emocionais, deve ser foco de atenção na saúde, com acompanhamento médico adequado e apoio psicológico às gestantes adolescentes, seus companheiros e familiares, para dissolução de mitos e crenças, elaboração das ambivalências e desenvolvimento das potencialidades da adolescente para poder cuidar de seu filho de forma mais plena possível.

GRAVIDEZ TARDIA

Atualmente, torna-se evidente o aumento do número de mulheres que decidem engravidar após os 35 anos, idade até pouco tempo apontada como limite pelos médicos para uma concepção saudável. Sabe-se que as mulheres já nascem com todos óvulos que vão envelhecendo e perdendo "qualidade".

Em termos gerais, as gestações chamadas tardias, avançadas ou atrasadas, acontecem devido à ampla disponibilidade de métodos contraceptivos, à postergação do matrimônio em prol de estudos e carreiras profissionais, a maior incidência de divórcio e recasamentos, bem como à divulgação e ao aprimoramento de fertilização artificial (GOMES *et al.*, 2008).

Supostamente a experiência de vida e a identidade consolidada fazem com que essas mulheres se sintam mais bem preparadas para aceitar o bebê e suas demandas, reconhecendo-o como um indivíduo único e separado dela, o que propicia desenvolvimento emocional mais exitoso. Por outro lado, pesquisas apontam maior dificuldade em relação à disposição física e mais ansiedade no período pós-natal.

Os riscos físicos são a possibilidade de abortos, anormalidades fetais, diabetes, hipertensão, hemorragias, partos prematuros, trabalho de parto disfuncional, partos cesáreos, baixo peso do bebê ao nascimento, maiores índices de sofrimento fetal e menores índices nos Testes de Apgar do bebê no quinto minuto de vida (GOMES *et al.*, 2008).

Embora as mulheres atuais engravidem até os 45 anos de idade, a classificação "gestação de risco" automática na gestação após os 35 anos tende a incrementar as dificuldades psicológicas da gravidez normal, na medida em que introduz uma preocupação real quanto às suas condições de saúde bem como às de seu bebê. Como qualquer gestante incluída nesse grupo, pode se sentir mais frágil, apreensiva e impotente, o que acaba por incrementar seus níveis de ansiedade. Como repercussões, tais ansiedades se relacionam a problemas com a evolução da gravidez, com o parto e relacionamento posterior com o bebê. Pesquisas recentes (GOMES *et al.*, 2008) geralmente concluem pelo que venho enfatizando no decorrer deste livro, ou seja, que, como em todas as vicissitudes do período perinatal, o que é mais relevante é a subjetividade e a especificidade de cada mulher. Parece não existir consenso entre os autores de que a idade por si só é um determinante de problemas no período gravídico/puerperal.

Mais uma vez, destaco que a abordagem da equipe de saúde transcenda o critério idade e observe a história de vida e as condições psicossociais da gestante. Sem negar a necessidade reconhecida dos cuidados médicos, importante nesses casos também é incluir a dimensão psicológica nos tratamentos, promovendo maior tranquilidade à dupla mãe-bebê.

NEGAÇÃO NÃO PSICÓTICA DA GRAVIDEZ

Pelo fato de não ter experiência clínica com essa situação, vou compartilhar as ideias de Gonçalves (2014), que me pareceu bastante minucioso em seu estudo sobre o tema. A negação da gravidez consiste no fato de uma mulher passar bom tempo da gestação, ou até o momento do parto, sem saber que está esperando um filho. O interesse científico sobre esse evento é bastante antigo, tendo sido desenvolvidas várias teorias sobre causas sociais e emocionais, bem como possibilidade de erros médicos e diferentes classificações nosológicas. O consenso em todas as pesquisas, porém, é que esse fenômeno envolve uma patologia mental.

Nesse sentido, o diagnóstico diferencial é fundamental para distinguir a negação da gravidez como um sintoma de uma patologia psicótica, uma dissimulação consciente, ou uma situação especial que será mais detalhada ao longo deste capítulo, que é a gravidez negada em mulheres não psicóticas. "Uma característica dos estados gravídicos que são desconhecidos à própria mulher é a pouca mudança morfológica e fisiológica" (GONÇALVES, 2014, p. 1008). Um sintoma típico é a dilatação quase inexistente do ventre. Nessa condição, o útero se desenvolve para trás, o que provoca que o bebê se desenvolva ao longo da coluna vertebral. O curioso é que, se a mulher "descobre" sua gravidez, em poucos dias, passa a apresentar a proeminência do ventre e a sentir os movimentos fetais.

Como característica que confunde a todos os envolvidos, está a permanência do ciclo menstrual. Outra situação instigante é que muitas vezes o entorno familiar e médico compactuam com a negação, reforçando racionalmente a ideia de que alguns sintomas detectados não são provindos de uma possível gravidez. As consequências, em termos biológicos, são um aumento de risco neonatal estatisticamente significativo: nascimento de bebês com peso inferior a 2.500kg, presença de retardo mental, mortalidade elevada, frequência maior de partos prematuros, continuidade no uso de drogas, fumo e álcool, comportamentos e posturas de risco, exposição a procedimentos danosos, como o Raio X.

A exploração psicológica da negação da gravidez não psicótica destaca possíveis etiologias: (1) negação da gravidez como um fator protetivo e adaptativo, quando a mulher inconscientemente deseja muito um filho, mas não quer enfrentar consequências sociais e profissionais da gestação; (2) cooperação inconsciente forçada entre feto e mãe, quando ambos estão submetidos a um ambiente estressante e ameaçador, permitindo a sobrevivência da mãe e do bebê até o parto; (3) forma pela qual a mulher anula e invalida a ambivalência em relação ao desejo de ter um filho, evitando fantasias infanticidas; (4) questões transgeracionais, que levam a tentar extinguir as linhas de descendência com os comportamentos e eventos traumáticos de gerações anteriores; (5) representações da gestação como consequência de sexualidade traumática ou reprimida; (6) negação pela origem da gravidez: relação sexual marcada pelo incesto, estupro, abuso, ou por uma relação extraconjugal.

Referente à relação mãe-bebê, Gonçalves (2014) salienta determinados riscos, tais como a não abertura mental da mãe para seu filho, começando pela impossibilidade de nomear o bebê mesmo depois de nascido. A relação de mãe e filho, no pós-parto imediato, pode se tornar difícil. O risco mais grave e radical nessa situação de negação da gravidez é o neonaticídio, quando a mãe mata seu bebê nas primeiras 24 horas de vida do recém-nascido. O que acontece é que algumas mulheres, ao ouvir o choro de seu bebê e visualizar sua materialidade, entram em pânico e desespero e tentam calar a prova de que deram à luz a um bebê.

BEBÊS EM RISCO

Há também os casos em que a gestante precisa se submeter a exames e/ou procedimentos arriscados e dolorosos intraútero para salvar o bebê, como cirurgia cardíaca no feto. Situações que demandam coragem e que trazem medos para ambos: mãe e filho. Há ainda os casos de malformações e deficiências físicas, como falta de cérebro (anencefalia), de rins, graves patologias pulmonares ou síndromes raras, quando as gestantes têm o direito por jurisprudência de interromper a gestação. Em todos esses casos, o sofrimento dos pais é muito grande, resultando em grande tensão, ansiedade ou depressão, já que precisam conviver com realidades difíceis e não ter seu filho nos braços, apesar das tentativas dispendiosas em termos de investimentos tanto físicos, emocionais como, muitas vezes, financeiros.

DISTÚRBIOS PSIQUIÁTRICOS PRÉ-EXISTENTES

1. Dependência de álcool e outras drogas

Apesar de o uso de drogas ter um impacto negativo, agravando de forma preocupante o prognóstico da mãe e do bebê, estudos apontam que entre 24 e 63% das mães que são dependentes negam esse fato

(MITSUHIRO, 2010). Exatamente por isso, a prevalência desse quadro é considerada subestimada.

A permeabilidade placentária às diversas substâncias de abuso varia conforme a droga consumida e provoca problemas de desenvolvimento e baixo peso ao feto, bem como redução da produção do leite materno. Em geral, o bebê tem dificuldades de sono, irritabilidade e choro fácil. O recém-nascido pode, inclusive, apresentar crises de abstinência logo após o nascimento, com convulsões.

Além disso, elevado número de gestantes apresenta comorbidades entre o abuso ou a dependência de drogas e outros transtornos psiquiátricos. Constituindo-se num fenômeno biopsicossocial, de importantes consequências na saúde pública, esse quadro necessita de medidas de detecção e tratamento especializado.

2. Transtornos alimentares

Segundo Camacho, Cantinelli e Rennó JR (2010), a prevalência desses distúrbios nas mulheres é de 1 a 6%, sendo que há uma diferença entre anoréxicas e bulímicas. Na anorexia nervosa, é rara a ocorrência de gestações, pois as pacientes são amenorreicas, efeito da desnutrição. Já nas bulímicas, a gravidez ocorre mais frequentemente.

As principais questões desses quadros se referem ao prejuízo nutricional do feto e às transformações corpóreas da gravidez, interferindo na patológica imagem corporal dessas pacientes que não suportam se sentir gordas. Devido ao baixo peso do feto e à possível prematuridade, a cesariana é a indicação frequente de parto, e o bebê deve ser observado em sua capacidade e força para mamar. A recomendação é de monitoramento constante de uma equipe interdisciplinar, incluindo nutricionista, endocrinologista, pediatra e ginecologista.

3. Transtorno de Estresse Pós-Traumático (TEPT)

O Transtorno de Estresse Pós-Traumático pode se desenvolver desde a gravidez desencadeando medo do parto, risco elevado para distúrbios obstétricos, como gravidez ectópica (fora do útero), abortamento espontâneo, hiperêmese gravídica, trabalho de parto prematuro e crescimento fetal excessivo. Na gestação e no puerpério, os sintomas de TEPT estão relacionados a um histórico de eventos traumáticos de vida, dentre eles, abuso sexual.

No puerpério os sintomas podem iniciar nas primeiras 48 horas e durar até um ano, incluindo medo excessivo, flashbacks relacionados ao parto, confusão, ansiedade, raiva e sentimentos negativos relativos à maternidade (MITSUHIRO, 2010).

4. Depressão

Muitas gestantes com histórico familiar de depressão desenvolvem essa doença diante de suas dificuldades com a maternidade. Outras passam por depressões reativas a perdas e ao luto, o que certamente interfere na próxima gravidez e posteriormente na relação com o bebê que, como vimos, vivencia o luto da mãe no útero. A depressão na gravidez deve ser tratada, pois é um predisponente para a depressão pós-parto, a ser abordada mais detalhadamente no Capítulo 8.

Como recomendações na atenção psicológica a essas mulheres, retomo a necessidade de um acompanhamento emocional individual, de casal ou familiar, desde a descoberta consciente da gravidez de risco ou logo após o parto, caso não tenham identificado a depressão na gestação.

Como em todas as situações não esperadas, importante se faz uma compreensão a partir das relações primeiras dessa mulher, de sua dinâmica familiar e conjugal. A possibilidade de expressar sentimentos e elaborar fantasias, falar sobre os medos e a autopercepção como gestante de risco, é muito importante. Da mesma forma que "explicar" com palavras ao bebê tudo o que está acontecendo com ele, para que o bebê se situe no mar de emoções da mãe.

Existem muitas outras situações de risco emocional ou físico com repercussões emocionais não descritas aqui. A prática clínica durante as gestações e as terapias mães/pais-bebês certamente oferece muitos subsídios para a compreensão, caso a caso.

Concordo com Gonçalves (2014) quando recomenda o aprofundamento das pesquisas e o suporte afetivo a esses casos por meio do Método Esther Bick de Observação da Relação Mãe Bebê. Esse método tem se afirmado como bastante eficiente na compreensão das relações mães-bebês a partir do nascimento até que a criança complete dois anos de idade. Constitui-se em visitas domiciliares semanais, no primeiro ano de vida, e quinzenais, no segundo ano, sempre com supervisão psicanalítica em grupo, que facilita a compreensão clínica tanto do que acontece com a díade, quanto da teoria psicanalítica relacional de desenvolvimento. Também fortalece a segurança de profissionais de saúde para poderem fazer diagnósticos precoces a partir desses comportamentos relacionais, identificando sintomas nas mães e reações emocionais dos bebês.

REFERÊNCIAS

ANDRADE, J. M. Mola hidatiforme e doença trofoblástica gestacional. **Revista Brasileira de Ginecologia e Obstetrícia**, São Paulo, v. 31, n. 2, p. 94-101, 2009.

BIANCHI, A. C. *et al.* Pseudociese humana. **Boletim Científico da Área de Biológicas** – Faculdade Adomantinenses Integradas, São Paulo, ano I, n. 1, mar./abr., 2008.

CABRAL, A. C. V. *et al.* O que é hiperêmese gravídica e qual sua importância? *In*: FEDERAÇÃO DAS ASSOCIAÇÕES BRASILEIRAS DE GINECOLOGIA E OBSTETRÍCIA (FEBRASGO). **Comissão Nacional Especializada em Assistência Pré-Natal,** São Paulo, n. 2, 2018.

CAMACHO, R. S.; CANINELLI, F. S.; RENNÓ JR, J. Outros transtornos psiquiátricos na gravidez e no puerpério. *In*: VASCONCELOS, A. A. J.; TENG, C. T. (org.). **Psiquiatria perinatal**: diagnóstico e tratamento. São Paulo: Editora Atheneu, 2010.

CARON, N. (org.). **A relação pais-bebê:** da observação à clínica. São Paulo: Casa do Psicólogo, 2000.

DAVID, D. L. *et al.* **Tríade de contato íntimo**: apego entre mãe e filhos gêmeos. 2000. Disponível em: periódicos.unitau.br/ojs/indexphp/biociecias/article/view/29. Acesso em: fev. 2020.

GOMES, A. C. *et al*. Maternidade em idade avançada: aspectos teóricos e empíricos. **Revista Interação em Psicologia**, Curitiba, v. 12, n. 1, p. 99-106, jan./jun. 2008.

GONÇALVES, T. G. Negação não-psicótica da gravidez. **Revista Estudos e Pesquisas**, Rio de Janeiro, v. 14, n. 3, 2014. Disponível em: scholar.google.com.br. Acesso em: fev. 2020.

LANGER, M. **Maternidade e Sexo.** Porto Alegre: Editora Artes Médicas, 1986.

LEWANDOWSKI, D. C.; FLORES, A. H. V. H. O exercício da maternidade na adolescência. *In*: PICCININIC, A.; ALVARENGA, P. (org.). **Maternidade e Paternidade:** a parentalidade em diferentes contextos. São Paulo: Casa do Psicólogo, 2012.

MINISTÉRIO DA SAÚDE. Secretaria de Atenção à Saúde – Departamento de Ações Programáticas **Manual Técnico do Ministério da Saúde**. 5. ed. Brasília, DF, 2010.

MALDONADO, M. T. **Psicologia da Gravidez.** 17. ed. São Paulo: Editora Saraiva, 2005.

MITSUHIRO, S. S. Abuso de álcool e drogas na gravidez e puerpério. *In*: VASCONCELOS, A. A. J.; TENG, C. T. **Psiquiatria Perinatal:** diagnóstico e tratamento. São Paulo: Editora Atheneu, 2010.

SOIFER, R. **Psicologia da gravidez, parto e puerpério.** Tradução de Ilka Valle de Carvalho. Porto Alegre: Editora Artes Médicas, 1984.

TACHIBONA, M. *et al.* Hiperemese gravídica: estudo de casos dos aspectos psicológicos presentes na gestante. **Revista Psicologia Hospitalar**, São Paulo, 2006. Disponível em: scholar.google.com.br. Acesso em: fev. 2020.

VIDELA, M. **Parir y nacer en el hospital** (Parir e nascer no hospital). Buenos Aires: Ediciones Nueva Visión, 1993.

WINNICOTT, D.W. **O ambiente e os processos de maturação:** estudos sobre a teoria do desenvolvimento emocional. Tradução de M.B. Cipolla. Porto Alegre: Artmed, 2011.

CAPÍTULO 6

INFERTILIDADE E REPRODUÇÃO ASSISTIDA

Maria Gabriela Pinho Peixe

Até pouquíssimo tempo, aqueles que vivenciavam a frustração pela gravidez que não ocorreu após ser planejada, desejada e tão aguardada, tinham duas opções: adotar um filho ou resignar-se a uma vida sem vivenciar a parentalidade. Porém, em 1978, um evento causou alvoroço e grandes expectativas no mundo científico: o nascimento do primeiro "bebê de proveta" do mundo, acontecimento que mudaria para sempre a ciência e a vida daqueles que não podiam até então ter filhos (PETRACCO et al., 2018). O bebê em questão, batizado de Louise Brown, chegou ao mundo e trouxe para muitos a esperança de novas possibilidades de construção de projetos parentais.

Embora as técnicas de reprodução assistida e os grandes avanços tecnológicos nessa área sejam recentes, a infertilidade não é. Há registros, desde a época bíblica, que nos contam como esse infortúnio marca a vida dos casais de maneira estigmatizante, devastadora, desmoralizante, e é tido por muitos como um castigo divino ou falta de fé.

Por mais que a infertilidade afete ambos os gêneros, "tradicionalmente foi atribuída às mulheres, como se ser mãe fosse uma condição para toda mulher, como um mandato da natureza e da cultura, como um destino fundamental da sexualidade feminina" (ARAUJO et al., 2019, p. 10). Entretanto o abalo por não conseguir naturalmente ter filhos ainda causa um enorme sofrimento e influencia profundamente diversas áreas da vida além da esfera pessoal: passa pela conjugal, profissional, familiar, financeira, social e tantas mais.

Dados do Instituto Brasileiro de Geografia e Estatística (IBGE) de 2018 estimam que no Brasil por volta de seis a oito milhões de casais enfrentem dificuldades para engravidar espontaneamente (KOTECKI, 2018). Para cerca de 10 a 14% da população mundial em idade reprodutiva, a chegada do bebê não se realiza de pronto, nem conforme seus planos. Talvez só seja superada com o auxílio de um tratamento médico especializado e não depende única e exclusivamente de planejamento, de tentativas incessantes, nem de uma incontável gama de fatores emocionais conscientes e inconscientes.

Quando o casal decide ter filhos, inicia-se uma série de processos psicológicos e mudanças subjetivas no psiquismo dos futuros pais, apontadas por Zornig (2010) como a transição para a parentalidade. Houzel (2004) define a "prática da parentalidade" como o cuidado parental, tanto do ponto de vista físico quanto psíquico. Entretanto aqueles que engravidarão a partir de alguma intervenção médica assistida precisarão de um trabalho psíquico e emocional adicional nessa transição (ALKOLOMBRE, 2008).

Nesse sentido, quando se deparam com uma impossibilidade ou dificuldade, os indivíduos necessitam lidar com uma ferida narcísica que se abre e com a frustração acerca da perda da sua capacidade reprodutiva natural, bem como todas as repercussões emocionais decorrentes disso. A busca por profissionais especializados em medicina reprodutiva renova as esperanças e expectativas, ao mesmo tempo que essas podem vir acompanhadas de novas perdas e frustrações, já que a vivência única da infertilidade e concepção de um filho, nesse contexto, implicará questões íntimas, conscientes e inconscientes, acerca do projeto parental (ARAUJO et al., 2019).

O PROCESSO DA REPRODUÇÃO ASSISTIDA E SUAS TÉCNICAS

Infertilidade conjugal é o termo utilizado para identificar o casal que tenta engravidar a partir de relações sexuais desprotegidas e constantes e não consegue num prazo de um ano, período considerado normal para que a gestação ocorra, segundo a *American Society for Reproductive Medicine* (ASRM). As tecnologias de reprodução assistida (TRA) surgem como uma luz em meio à grande escuridão que pode ser o universo da infertilidade. Para Corrêa (2001 *apud* TAMANINI, 2009, p. 26), "reprodução assistida é o termo que define um conjunto de técnicas de tratamento médico-paliativo, em condições de hipo/infertilidade humana, visando à fecundação".

Tais técnicas que substituem a relação sexual na reprodução biológica envolvem a intervenção no ato da fecundação de mais sujeitos além do casal: o médico e sua equipe. Com a ajuda de alta tecnologia, é facilitado o encontro do óvulo maduro com o espermatozoide sob condições ambientais controladas em laboratório. São TRA a fertilização *in vitro* clássica (FIV), injeção intracitoplasmática de espermatozoide (ICSI), biópsia embrionária para rastreio de doenças genéticas, criopreservação de células reprodutivas e embriões, além da transferência de embriões para o útero materno (BADALOTTI *et al.*, 2019). De uma maneira mais ampla, a <u>inseminação intrauterina</u> (IIU) também é considerada uma técnica de reprodução assistida, embora menos complexa (LEMOS *et al.*, 2008).

Para alguns casais, há um capítulo extra nas histórias de como realizaram seu lindo sonho do bebê nos braços, e esse envolve a descoberta da infertilidade, exames, busca por clínicas especializadas e técnicas de reprodução assistida. Uma fala habitual é: todos sabem como chegam, mas o que virá pela frente é incerto.

Tal capítulo extra inicia-se muitas vezes a partir de um tratamento simples do ponto de vista médico, mas que costuma causar grande angústia e estresse. Trata-se de <u>controles ovulatórios,</u> que ocorrem por meio de ultrassons seriados, com o intuito de acompanhar o crescimento e o desenvolvimento dos folículos – é dentro deles que crescem os óvulos – até a identificação da possível ovulação e indicação médica de quando devem acontecer as relações sexuais, para então aguardar no final do ciclo, o atraso menstrual.

Uma bela vinheta ilustra a vivência de muitos pacientes que passam por esse tratamento:

> *Parece uma gincana comandada pelo médico... ele diz: "você ovulará hoje até o final do dia". Então preciso sair correndo da clínica, passar pela farmácia para aplicar mais uma injeção dolorosa e cara na barriga, voltar para o trabalho sem que ninguém desconfie do que está acontecendo e ir pra casa me preparar para seduzir o marido de forma que ele não perceba que hoje é o dia D. Se ele souber, vai se sentir muito pressionado e aí já era, não vai rolar namoro. Combinamos que assim seria melhor, deixa que eu cuido dessa parte* (Relato da paciente A).

Muitas vezes é demasiadamente desgastante vivenciar esse tratamento, e a busca por uma probabilidade maior de sucesso rapidamente se torna uma opção mais atrativa e repleta de expectativas positivas. É importante ressaltar que as técnicas de alta complexidade são, muitas vezes, o passo seguinte, ou ainda, na maioria dos casos, a primeira opção de tratamento escolhida. São o último e o mais especializado recurso, mas também o que oferece maiores chances de obter o tão sonhado desfecho positivo.

A inseminação intrauterina (IIU) tem por objetivo facilitar o encontro do óvulo com o espermatozoide no interior do corpo da mulher: consiste em injetar, dentro do útero, espermatozoides que foram previamente selecionados em laboratório. A fecundação ocorrerá de modo natural nas tubas uterinas, e o embrião migrará espontaneamente para o útero e lá se implantará (LEMOS et al., 2008). A IIU é indicada em alguns casos apenas, uma vez que tem taxas de sucesso relativamente baixas, bem próximas às de uma gravidez em ciclos naturais. Já a FIV clássica e a ICSI, descritas a seguir, prometem taxas superiores, por volta de 40-50% de resultado positivo em cada tentativa.

O tratamento da infertilidade conjugal por meio da FIV/ICSI consiste nas seguintes etapas: 1- estimulação ovariana; 2- aspiração folicular para coleta de oócitos; 3- escolha dos espermatozoides; 4- fecundação em laboratório e acompanhamento do desenvolvimento dos embriões; e finalmente 5- transferência desses para o útero materno previamente preparado com hormônios específicos (CAVAGNA, 2009).

A estimulação farmacológica da ovulação tem um papel fundamental e é realizada para promover o recrutamento, crescimento e posterior maturação de múltiplos folículos – é dentro dos folículos que crescem os óvulos. A fase seguinte é a coleta dos óvulos por meio de um procedimento que retira o líquido folicular dos folículos ovarianos, realizada algumas horas após o desencadeamento da maturação folicular. Esse procedimento ocorre em centro cirúrgico sob sedação, com o emprego de ultrassonografia transvaginal. O material coletado é encaminhado ao embriologista, que o examina, à procura de oócitos viáveis (BADALOTT et al., 2018).

Na fertilização *in vitro* clássica (FIV), o óvulo é fecundado em laboratório de modo convencional, ou seja, é colocado em contato com espermatozoides que passaram por um processamento prévio, em uma placa apropriada com meio de cultura e em seguida levados para uma incubadora. Já na injeção intracitoplasmática de espermatozoide (ICSI), que é o procedimento atualmente mais sofisticado de fertilização *in vitro*, utilizam-se técnicas de micromanipulação, injetando-se um único espermatozoide dentro do citoplasma do óvulo para alcançar a fertilização. Em ambas técnicas, a fertilização do óvulo é verificada pelo embriologista no dia seguinte (BATISTA et al., 2018).

A última etapa do tratamento é a transferência dos embriões, realizada em centro cirúrgico sem necessidade de sedação da paciente. O médico insere um fino cateter no útero da mulher e lá deposita os embriões, após o cultivo desses no laboratório por até cinco dias, até a fase de blastocisto. Os embriões excedentes, caso sejam viáveis, serão criopreservados por meio da vitrificação – técnica de congelamento em nitrogênio líquido a -196 graus (BADALOTTI *et al.*, 2018).

As técnicas mencionadas não são utilizadas apenas por casais que engravidarão a partir de suas células reprodutivas. É grande e crescente a demanda de pacientes que necessitam de gametas doados – óvulos e espermatozoides. Tal fato ocorre nos casos de monoparentalidade, ou produção independente, nas relações homoafetivas e também quando um dos membros do casal não tem células reprodutivas viáveis. Há ainda um crescimento enorme de casos em que os casais decidem engravidar quando a idade reprodutiva das mulheres já não favorece que engravidem sem um óvulo doado.

Nessa situação especial, existe, por um lado, a mulher que se dispõe a doar óvulos anonimamente para outra que não os tem poder tornar-se mãe. Por outro lado, uma mulher que precisa dar conta do que significa para ela não ter mais essa possibilidade, independentemente do que faça para consegui-lo e do quanto queira. Para muitas, ouvir do médico que seu tão sonhado bebê não virá, se não aceitarem um óvulo doado, é devastador demais. Para outras, é a luz no fim do túnel.

Determinados casais enfrentam uma situação ainda mais complexa: a gestação substitutiva. Por motivos diversos, algumas pacientes não têm um útero viável, ou não o têm, e necessitam pedir um favor muitíssimo especial a um familiar de até quarto grau: emprestar seu útero para que possam se tornar pais. Essa possibilidade de parentalidade envolve uma quantidade grande de pessoas: pai e mãe biológicos, a mulher que se submeterá à cessão uterina temporária, seu companheiro, filhos, familiares próximos e outros. Todas essas pessoas precisam compreender, aceitar e lidar bem com o que acontecerá durante os meses de gestação.

Já para aquelas que ainda não chegaram ao momento que gostariam de ter seus filhos, mas que possivelmente no futuro quererão, recentemente os médicos ginecologistas passaram a indicar que congelem seus óvulos para engravidar mais tarde. Mulheres que priorizam várias escolhas antes da maternidade, ou que não estão em um relacionamento amoroso, e outras que ainda não têm certeza sentem-se aliviadas em poder preservar sua fertilidade. Essa é uma possibilidade também para pacientes que precisam enfrentar um tratamento oncológico e podem congelar seus óvulos para utilizar futuramente.

O IMPACTO EMOCIONAL DA INFERTILIDADE

A infertilidade se apresenta como um obstáculo à chegada dos filhos e está intrinsecamente associada a sentimentos devastadores e vivências sequer imaginadas pelo casal, quando, em certo momento de suas vidas, decidiram tornar-se pais. Não é incomum ouvir como o projeto parental vai desmoronando quando veem suas tentativas arrastarem-se mês a mês e como os diagnósticos ruins chegam como tsunamis e deixam rastros de destruição nas relações conjugais, na vida financeira, na visão de corpo saudável e normal e na saúde emocional de cada um.

A barreira imposta por esse diagnóstico representa uma imprevista crise no ciclo vital, chegando de forma aguda e permanecendo por um tempo indeterminado. Essa descoberta está marcada por várias perdas, como a da experiência e da alegria de conceber facilmente e de modo privado, uma vez que essa experiência pertencia a um espaço unicamente do casal, a perda da esperança de dar continuidade à linhagem familiar caracterizada pela origem biológica, entre tantas mais. Diante disso, é difícil distinguir o que causa mais dor e sofrimento: a ausência do filho tão desejado que não foi concebido, a ferida narcísica ou os sentimentos de impotência, fracasso, perda e insegurança quanto ao que está por vir e acontecerá.

Não ser como todo mundo parece ser um dos grandes fatores geradores de angústia e sofrimento. *Por que aconteceu isso comigo?* talvez seja o questionamento mais ouvido nesse contexto, seguido de dolorosos relatos como:

> *Por que Deus fez isso comigo? Que castigo cometi para merecer uma coisa dessas? Todas as minhas amigas ou estão grávidas, têm filhos pequenos ou até já estão no segundo. E o pior é a cara de piedade que me olham, por isso temos até preferido não falar mais pra ninguém que estamos tentando, porque ninguém entende o que a gente sente e já vem dizendo que tá cheio de criança precisando ser adotada ou que é vaidade a gente querer mais isso, que a nossa vida já é boa o suficiente* (Relato da paciente B).

Nessa vivência emocionalmente complexa, em algum momento, o desamparo é sentido; e, com um sofrimento inevitável, os casais veem sua vida modificada pela barreira que se interpõe entre o desejo e a realização do seu sonho. Conforme Farinati (2009), a infertilidade é sentida e vivida como um evento traumático, sendo experienciada como um dos mais estressantes de suas vidas. Tal afirmação pode ser ilustrada por falas recorrentes como: *"Foram momentos de dor, tristeza, raiva e impotência. Senti meu sonho ser arrancado de mim, interrompido, tive meus planos de vida questionados, parece que estou no fim da linha"* (sic).

Os sintomas psicológicos advindos desse diagnóstico podem ser influenciados por diversos fatores, como diferenças de gênero, causas e duração da infertilidade, estágio específico da investigação e da etapa do tratamento, além das capacidades individuais de adaptação ao problema, da motivação para ter filhos, e de uma gama de motivações inconscientes.

Antigas inscrições psíquicas marcam o desejo de ter um filho acerca do significado que possui a concepção de um novo ser. Esse desejo "encontra suas raízes em três núcleos inconscientes: no desejo narcísico de imortalidade do Eu, na identificação primária com a mãe e na constelação edípica e da identidade de gênero" (FARINATI, 2018, p. 41). Nesse sentido, está alicerçado em muitos e diversos motivos, únicos para cada sujeito, com diferentes ressonâncias, formas de processamento e desfechos (ALKOLOMBRE, 2019).

Para muitas mulheres, a infertilidade se caracteriza como um estigma secreto, distinto dos mais óbvios exemplos de estigmatização, uma vez que é invisível, e tão somente o próprio conhecimento da sua condição distingue os casais inférteis dos outros. No entanto, apesar disso, a invisibilidade externa desse diagnóstico gera experiências dolorosas, e dar-se conta disso é perceber-se fazendo parte de uma minoria (SEGER, 2004). A visão de si mesma é de menos valia e incapacidade, além de se sentirem diferentes e inferiores às que conseguem engravidar naturalmente: *"me sinto extremamente incompetente como mulher, fisiologicamente falando"*; *"parece que vim com o corpo defeituoso e quebrado"* (sic).

Quando falamos de como esse diagnóstico impacta os homens, Sonego (2015) ressalta a falta de estudos específicos, mas afirma que muitos têm mais dificuldade de aceitar o diagnóstico que as mulheres e tendem a culpá-las, mesmo quando a causa da infertilidade é masculina. Alguns homens associam a fertilidade a ser macho e viril, e tal modelo social é incompatível com o diagnóstico de não poder ter filhos sem auxílio médico. Para Straube (2019), sentimentos de débito social, por não procriar naturalmente, originam angústia, níveis elevados de ansiedade, perda de sentido de seu projeto de vida e baixa autoestima, mesmo aparentando não terem sido tão impactados quanto suas companheiras.

Neste relato é possível observar o quanto alguns homens se sentem não importantes durante o tratamento:

> [...] eu venho aqui e vejo o médico examinar a minha esposa e eu não entendo nada do que ele está fazendo, só sei que eu não sirvo pra nada aqui, só tenho que ir lá e coletar sêmen. Não sei ainda se vou conseguir ver ele colocar aquele aparelho e engravidar a minha mulher, é vergonhoso demais (sic).

> É importante ressaltar o efeito desmoralizante perpetrado pelo diagnóstico de infertilidade para a pessoa infértil, mas este vai além e abala, também, profundamente, a visão que o casal tem de si mesmo como uma unidade saudável (SHARF; WEINSHEL, 2002, p. 123).

A vida conjugal passa a girar em torno de conseguir ter um filho, e a vida sexual torna-se mecânica, escassa e sem prazer, já que a cisão do corpo erógeno e procriador causa um enorme sofrimento.

Aqueles que recorrem à reprodução assistida, com a maior brevidade possível, querem se submeter a um tratamento com altas taxas de sucesso para ultrapassar a dificuldade de engravidar e, quem sabe, poder seguir em frente. Nesse caminhar, alguns casais se afastam, ou enfrentam momentos repletos de discussões e desavenças: *"dói muito ele não prestar atenção no que eu estou sentindo!"* é dito de um lado, enquanto do outro ouve-se comumente: *"eu prefiro ficar quieto, porque se disser alguma coisa ela fica triste e começa a chorar ou a gente começa a brigar e a coisa fica feia"*.

Obviamente, por motivos diversos, nem todos optam por esse caminho, mas a decisão pela reprodução assistida não é um processo fácil, direto e linear, uma vez que vai muito além da escolha de um par amoroso, da interação sexual, da gravidez e do parto (FARINATI; RIGONI; MULLER, 2006). Os casais passam de esperançosos, com a possibilidade da gravidez, a incrédulos e desconcertados, com a notícia da situação de infertilidade até chegar ao reconhecimento de suas limitações, para que a gestação aconteça sem intervenção médica.

Ainda que pareça correto afirmar que a infertilidade e seu tratamento médico sejam experiências estressantes por si só, não há como esquecer que as condições psicossociais associadas às características individuais podem aumentar ou diminuir as habilidades individuais para lidar com os efeitos do estresse e seu impacto na vida de cada pessoa.

Nesse sentido, cada um encontra um modo muito particular para compreender, elaborar e vivenciar a infertilidade. Talvez esse diagnóstico e essa vivência, ou não, de um tratamento de reprodução assistida proporcionem, para alguns indivíduos e casais, uma experiência reparadora e positiva, independentemente do desfecho.

VIVENCIANDO UM TRATAMENTO DE REPRODUÇÃO ASSISTIDA

É singular a experiência de conceber um filho por meio de um tratamento de reprodução assistida, pois há o conhecimento detalhado de todo o processo e também da evolução dos embriões e de todo o passo a passo antes de eles serem colocados no útero materno. Para Szejer (1997), uma vez que, desde o início, o projeto parental é medicalizado, a mulher perde sua autonomia e privacidade, já que tudo é previsto pelo médico, e a possível gestação é fruto da colaboração de quatro parceiros: a mulher, o homem, a equipe médica e o bebê.

Não é incomum ouvir o quanto as tentativas mensais de engravidar, sejam com assistência médica ou não, geram uma grande pressão e aumentam o nível de ansiedade e sentimento de responsabilidade pelo insucesso, leia-se: não engravidar. Cada mês é uma nova oportunidade de "atingir o objetivo", e cada menstruação é a comprovação da derrota e mais uma (re)vivência da perda e um momento de luto.

Ultrapassado o impacto do luto – ainda que não totalmente elaborado – ocasionado pela gravidez que não aconteceu, um caminho mais ou menos comum a todos é: a busca por profissional especializado, seguida de uma detalhada anamnese e de uma incontável gama de exames clínicos e laboratoriais, a busca de outra opinião, a escolha do profissional, da técnica e, a partir daí, muitos desdobramentos... já que nem todos engravidarão nem no primeiro, segundo, quinto ou décimo tratamento; alguns trocarão de clínica, serão impactados financeiramente, paralisados emocionalmente e tantas vivências mais.

Para Seger (2009), o rápido desenvolvimento de novas tecnologias de reprodução assistida pode criar expectativas irreais, fazendo com que os casais acreditem apenas nas estatísticas elevadas de gravidez, não considerando – ou considerando muito pouco – a possibilidade de insucesso, ou as características específicas que tornam seu caso particularmente mais difícil de superar.

Para sentirem-se participantes ativas do processo de reprodução assistida que está acontecendo, parte das pacientes estudam muitíssimo e se apropriam dos termos e da linguagem técnica e científica, tornando-se "especialistas do seu tratamento" e do assunto. Para elas, a racionalização se torna um mecanismo de defesa indispensável na vivência de cada etapa, pois as afasta emocionalmente de seus vazios e dores quando constatam que seu útero segue sem um bebê.

Por vezes, outras criam uma relação muito próxima com seus médicos e ampliam às equipes dos centros de reprodução assistida suas expectativas e necessidade de serem olhadas e cuidadas, uma vez que estão psiquicamente regredidas, sentindo-se impotentes e frágeis demais após tamanho sofrimento perpetrado pela infertilidade e por repetidos resultados negativos e frustrações.

Apegar-se emocionalmente e criar uma relação materna com os embriões que ainda estão se desenvolvendo no laboratório parece fortalecer e encorajar as pacientes a enfrentarem seus medos e seguirem em frente, como é possível observar pela fala de uma paciente: *"considerei os embriões como nossos filhos desde o início... conversava com eles todos os dias"*. Os embriões representam, para muitas pacientes, a possibilidade de realizar o sonho da maternidade, a chance de ter seus filhos, ou seja, a transição para a parentalidade, e começam então, por meio deles, a construir o lugar do filho em seu psiquismo.

O PAPEL DO PSICÓLOGO NA REPRODUÇÃO ASSISTIDA

É importante ressaltar que apenas algumas clínicas de reprodução assistida atualmente contam com um serviço estabelecido de psicologia. Nesse contexto, o trabalho do psicólogo é breve e focal, independentemente da abordagem teórica utilizada. Prioriza-se quase sempre oferecer apoio, amparo, uma escuta qualificada e respeitosa num momento difícil, conturbado e confuso para tantos pacientes, independentemente de qual fase do tratamento estejam vivenciando.

Costumam chegar com a necessidade de compartilhar sua história – que podem ser recentes ou de anos de tentativas frustradas – sem serem julgados, apontados ou incompreendidos. Os pacientes nitidamente se beneficiam com um espaço que parece ser onde encontram possibilidade para mostrar seus medos e suas fraquezas, suas dores e seu desespero. Além de compartilharem sentimentos com um profissional que acabam de conhecer, muitas emoções são verbalizadas na frente do(a) parceiro(a) que nem fazia ideia que eram sentidas e pensadas. Em outras oportunidades, descobrem juntos como se sentem e que podem contar um com o outro. Dar-se conta disso traz alívio e conforto, já que conseguem quebrar uma barreira silenciosa que separava dois lados amedrontados e fragilizados.

Poder falar de fantasias e dúvidas, das consequências decorrentes do tratamento, do luto por seu bebê idealizado que não será concebido por meio de um ato de amor na privacidade de seu lar, e sim pela intervenção de uma equipe médica, do abalo financeiro após uma fertilização *in vitro*, acalma e alivia bastante a angústia que sentem. É como se entregassem a alguém em que podem confiar todo seu sofrimento que não dão conta sozinhos de cuidar. Entretanto são muitos os pacientes que preferem não ter contato com o serviço de psicologia. É como se o psicólogo tivesse o poder de desvelar os mistérios e desejos inconscientes que barram a chegada do seu bebê ou talvez tenham um medo enorme de dizer e ouvir coisas que acreditam não terem forças para suportar, já que se encontram completamente expostos e sentindo-se impotentes enquanto fazem seu tratamento.

De maneira geral e objetiva, estas são algumas ações que podem balizar e auxiliar o trabalho dos psicólogos em serviços de reprodução assistida:

- ter conhecimento profundo e atualizado dos tratamentos, das taxas de sucesso e de sua eficiência, causas de infertilidade, entre outras;
- ao atender os pacientes, considerar as defesas, forças e dificuldades, características individuais dos pacientes e sua história de vida, a fim de ajudá-los de maneira mais assertiva;
- proporcionar espaço para reflexão sobre o que está acontecendo, sobre o medo do tratamento, medo de não poder ter filhos, do fracasso e o que mais for importante para cada paciente;
- minimizar o estresse provocado pelas escolhas a serem feitas e pelas dúvidas que vão surgindo ao longo do tratamento, estando presente sempre que o paciente precisar;
- investigar, estimular e fortalecer a importância da rede de apoio dos pacientes;
- manter uma relação próxima com a equipe.

Em uma terapia breve e focal, nem sempre aparecem questões psicodinâmicas importantes, que podem ou não ser impeditivas para que a mulher desvele ambivalências e "se autorize" ser mãe; evidentemente, quando não há impedimentos físicos limitantes para que isso aconteça. Contudo, em um trabalho cuidadoso de psicoterapia, é importante que o terapeuta possa identificar e auxiliar o paciente a reconhecer tais questões, como: fantasias inconscientes de castração e castigo por ter odiado e invejado a gravidez da mãe, rivalidade e ciúmes de irmãos, críticas ouvidas pela própria mãe da mulher, relações negativas com a mãe, ou ambos os pais, entre outras mais.

Tanto nas clínicas especializadas quanto nos consultórios, não apenas casais inférteis em tratamento, em vias de iniciar um, ou após o resultado negativo, chegam para buscar ajuda psicológica. São várias as demandas dentro da área da reprodução assistida, como pessoas que não têm certeza se querem ou não ter filhos.

Certa vez chegou ao consultório uma paciente em idade reprodutiva, com um histórico de mais de uma cirurgia para retirar incontáveis miomas de seu útero. Foi encaminhada por um médico para que se preparasse emocionalmente para engravidar ou, em contrapartida, necessitaria passar por mais uma dolorosa e invasiva cirurgia em pouco tempo. Essas eram suas únicas duas possibilidades. Após poucas sessões, deu-se conta de como era seguro manter seu útero sempre ocupado para evitar a todo custo ter filhos. Chamava seu útero de *"meu saco de pedras"*. Em dados momentos, referia-se ao útero de maneira carinhosa, mas, pouco tempo após, passou a relatar cada vez mais incômodo, dor e prejuízos em sua vida sexual, imagem corporal e incômodo físico. Obviamente, em sua família, era uma ideia inaceitável que não cumprisse esse importante passo no seu ciclo vital, já que sempre foi uma mulher que fazia de tudo para corresponder às expectativas de todos e lhe parecia impossível aceitar, primeiramente para si mesma, que ter filhos não era um desejo seu.

Atualmente, muitas pessoas têm se permitido descobrir que não querem ter filhos, mas bancar essa decisão nem sempre é tarefa fácil. A ajuda da psicoterapia é essencial para que mobilizem suas forças para enfrentar a sociedade, suas famílias, seus amigos e, principalmente, suas próprias crenças, seus medos e suas fantasias de que não há saídas indo, desse modo, ao encontro de suas verdades.

Considerando o alto número de pessoas que recorrem às técnicas de reprodução assistida e as demandas envolvendo infertilidade e parentalidade nesse contexto, certamente um número cada vez maior de pessoas busca ajuda psicológica, fazendo com que os psicólogos necessitem se capacitar e se instrumentalizar com conhecimentos específicos e atualizados para receber casos como os citados ao longo deste capítulo ou outros ainda.

REFERÊNCIAS

ALKOLOMBRE, P. **Deseo de hijo. Pasión de hijo:** Esterilidad y técnicas reproductivas a la luz del psicoanálisis. Buenos Aires: Letra Viva, 2008.

ALKOLOMBRE, P. O desejo de filho e a paixão de filho na parentalidade contemporânea. *In*: VIVES, R. V. (org.). **Reflexões Psicanalíticas sobre Reprodução Assistida:** Porto Alegre: Sulina, 2019. p. 73-85.

ARAUJO, K. A. A. *et al.* As novas tecnologias de reprodução assistida e a produção de subjetividade. *In*: VIVES, R. V. (org.). **Reflexões Psicanalíticas sobre Reprodução Assistida:** Porto Alegre: Sulina, 2019. p. 9-14.

BADALOTTI, M. *et al.* Fertilização in Vitro (FIV) e Injeção Intracitoplasmática de Espermatozoide (ICSI). *In:* CAETANO, J. P. J. *et al.* (org.). **Medicina Reprodutiva SBRH.** São Paulo: Segmento Farma, 2018. p. 197-205.

BATISTA, L. A. A. *et al.* Protocolos de Indução na Ovulação na Alta Complexidade. *In*: CAETANO, J. P. J. **Medicina Reprodutiva SBRH.** São Paulo: Segmento Farma, 2018. p. 170-186.

CAVAGNA, F. Tratamento da infertilidade – reprodução assistida. *In*: MELAMED, R. M.; SEGER, L.; BORGES JR, E. (org.). **Psicologia e Reprodução Humana Assistida:** uma abordagem multidisciplinar. São Paulo: Livraria Santos Editora, 2009. p. 8-15.

FARINATI, D. M.; RIGONI, M. S.; MULLER, M. C. Infertilidade: um novo campo da Psicologia da saúde. **Estudos de Psicologia,** Campinas, v. 23, n. 4, p. 433-439, dez. 2006.

FARINATI, D. As causas multideterminadas da infertilidade. *In*: MELAMED, R. M.; SEGER, L.; BORGES JR, E. (org.). **Psicologia e Reprodução Humana Assistida:** uma abordagem multidisciplinar. São Paulo: Livraria Santos Editora, 2009. p. 45-50.

FARINATI, D. M. Parentalidade – Os (des)caminhos do desejo. *In*: AVELAR, C. C.; CAETANO, J. P. J. (org.). **Psicologia em Reprodução Humana SBRH.** São Paulo: SBRH, 2018. p. 41-45.

HOUZEL, D. As implicações da parentalidade. *In*: SOLIS-PONTON, L. (org.). **Ser pai, ser mãe:** Parentalidade: um desafio para o terceiro milênio. São Paulo: Casa do Psicólogo, 2004.

KOTECKI, J. A; CARVALHO, L. F. P.; MACEDO, J. F. Visão geral e epidemiologia da infertilidade. *In*: CAETANO, J. P. J. *et al.* (org.). **Medicina Reprodutiva SBRH**. São Paulo: Segmento Farma, 2018. p. 13-15.

LEMOS, C. N. C. D. *et al*. Fertilização assistida. *In*: CAMARGOS, A. F. *et al.* (org.). **Ginecologia Ambulatorial:** baseada em evidências científicas. 2. ed. Belo Horizonte: Coopmed, 2008. p. 777-795.

PETRACCO, A. *et al*. A história da Fertilização in vitro (FIV). *In*: CAETANO, J. P. J. *et al.* (org.). **Medicina Reprodutiva SBRH.** São Paulo: Segmento Farma, 2018. p. 1-12.

SEGER, L. Correndo contra o relógio biológico. *In*: SECURATO, A. S. (org.). **Nós, mulheres:** desafios e conquistas dos novos tempos. v. 3. São Paulo: Oficina do Livro, 2004. p. 203-216.

SEGER, L. Avaliação emocional do paciente de reprodução humana assistida (RHA). *In*: MELAMED, R. M.; SEGER, L.; BORGES JR, E. (org.). **Psicologia e Reprodução Humana Assistida:** uma abordagem multidisciplinar. São Paulo: Livraria Santos Editora, 2009a. p. 81-89.

SONEGO, J. C. *et al*. A experiência paterna da gestação no contexto da reprodução assistida. **Psicologia**: Teoria e Pesquisa, Brasília, v. 32, n. 4, p. 1-9, 2015. Disponível em: https://psicologia.sbrh.org.br/wp-content/uploads/2017/08/paterna.pdf. Acesso em: mar. 2020.

SHARF, C. N.; WEINSHEL M. Infertilidade e gravidez tardia. *In*: PAPP, P. (org.). **Casais em perigo:** novas diretrizes para terapeutas. Porto Alegre: Artmed Editora, 2002. p. 119-144.

STAUBE, K. M. **O Homem, a infertilidade e a recepção de sêmen**. São Paulo, ago. 2019. Disponível em: https: https://psicologia.sbrh.org.br/?p=22. Acesso em: mar. 2020.

SZEJER, M.; STEWART, T. **Nove meses na vida da mulher:** uma aproximação psicanalítica da gravidez e do nascimento. São Paulo: Casa do Psicólogo, 1997.

TAMANINI, M. **Reprodução assistida e gênero:** o olhar das ciências humanas. Florianópolis: Ed. da UFSC, 2009.

ZORNIG, S. M. A. Tornar-se pai, tornar-se mãe: o processo de construção da parentalidade. **Tempo psicanálise**, Rio de janeiro, v. 42, n. 2, jun. 2010.

CAPÍTULO 7

A PSICOLOGIA DO PARTO – O NASCIMENTO DO BEBÊ

> *Cada mulher que está em trabalho de parto está dando à luz a si mesma.*
> (Myrian Szejer)

Neste capítulo abordo, com mais ênfase, o parto "normal", "natural" que se dá pela via baixa, vaginal, e que foi tema da minha pesquisa de mestrado. Por ter características distintas, o parto cesáreo será discutido mais adiante, bem como a vivência dos bebês em seu nascimento. Inicio com uma breve e simplificada descrição da fisiologia do parto e depois me detenho nos fenômenos psíquicos envolvidos nesse processo.

Fisiologicamente, no pré-parto, evidenciam-se a descida do fundo uterino, o amolecimento do colo e o apagamento (afinamento) do colo do útero. Logo após seguem três fases:

1. dilatação: contrações uterinas até o cérvice – parte inferior do útero – atingir 10 cm; período de duração variável, ao final do qual pode haver rompimento da bolsa;
2. expulsão: metrossístoles – contrações uterinas –, contração do diafragma e da parede abdominal que impelem o bebê pelo canal do parto. Compressão das paredes vaginais, contrações voluntárias da prensa abdominal (puxos), semelhante ao movimento de evacuação até a saída do bebê;
3. secundamento ou dequitação: expulsão da placenta após a saída do bebê.

Os principais sinais que denotam o início do trabalho de parto são: desprendimento do tampão mucoso, contrações (perceptíveis ou não), rompimento da bolsa d'água, dor, possíveis sangramentos.

Os partos podem ser: (1) espontâneos, quando se iniciam sem intervenção assistencial ativa; (2) induzidos, quando se empregam medicamentos, ou manobras especiais, como a rotura mecânica da bolsa; (3) dirigidos, quando há intervenção ativa do obstetra – utilização de ocitocina, episiotomia –; (4) operatórios, quando envolve ato cirúrgico; (5) normais ou eutócicos, quando não há complicações; (6) distócicos, quando ocorrem anomalias, imprevistos no processo do parto.

Em termos físicos, o parto é da mulher, e o nascimento é da criança. Psiquicamente, porém, tudo se mistura. Segundo Donelli, Caron e Lopes (2012, p. 395), o parto pode se constituir num dos "momentos de maior desamparo, vivido não só pelo bebê humano, em dependência total, mas também pela mãe que se encontra, ela própria, regredida, dependente do bebê". Eu acrescento que a equipe que assiste os partos também passa por momentos de tensão e estresse.

Em termos emocionais, para a mulher, a vivência extremamente visceral do parto "normal" é a que mais ansiedades desperta, por ser imprevisível e incontrolável (MALDONADO, 2005). A colocação de aspas na palavra normal visa a denunciar as infinitas possibilidades de intercorrências que ocorrem dependendo de significativos contextos: histórico, biológico, psíquico e institucional.

Desde a *Bíblia*, a temível sentença "Parirás com dor!" está internalizada no inconsciente feminino despertando apreensão, ansiedades e dúvidas até hoje. A partir do Renascimento e, mais especialmente, a partir do século XIX, o desenvolvimento científico vem trazendo muitos benefícios à saúde da mulher.

A mulher atual se livrou de práticas desarrazoadas comuns e frequentes em épocas passadas: flagelações que complicavam o parto e dilaceravam sua genitália; infecções dela e do feto, bem como riscos de mortalidade para ambos. Os exames e consultas pré-natais estão instituídos e disponíveis à população urbana, pelo menos. Contudo, assim como a gravidez, o parto mudou de um evento íntimo e domiciliar entre mulheres – em que era acompanhado e atendido pela mãe da parturiente, pela parteira conhecida ou por outras mulheres experientes da família – para um evento médico e hospitalar, no qual a mulher tem pouca ou nenhuma ingerência sobre o processo do parto.

Atualmente, além de toda informação disponível nas mídias, cada vez mais, crescem os movimentos de preparação para o parto, quer sejam grupos, informações por meio de palestras ou acompanhamento com doulas. Toda a informação é bem-vinda e tem a função consciente de tranquilizar a parturiente e desmistificar fantasias e falsas crenças. Porém há que se ter o cuidado para que ideais de libertação da mulher e encorajamento não se tornem tão dogmáticas em favor de ideologias quanto os princípios da "ordem médica" (CLAVREUL, 1983) que seguem protocolos impessoais, em favor da ciência.

Além dos fatores relativos à história do casal, fato já discutido em outros capítulos, para cada mulher, o parto, e o que dele faz parte, tem um significado subjetivo que, de preferência, deve ser psicologicamente compreendido, esclarecido e elaborado antes, no pré-natal psicológico, e/ou durante o parto. O importante é que a mulher possa viver o nascimento de seu filho de forma ativa e consciente. O que se percebe, na maioria das vezes, no entanto, são reações emocionais, verbalizações e somatizações que só quem detecta os motivos psicológicos da parturiente consegue auxiliar.

Cada mulher é única na sua forma de suportar a dor, por exemplo, dependendo de suas características pessoais, nível de dependência, necessidade subjetiva de ser cuidada, confiança ou não em suas próprias capacidades e vivências históricas desde sua própria vida intrauterina. Psicologicamente, então, diferentes podem ser os significados e as vivências das mulheres de acordo com sua história pessoal e familiar. "É a futura mãe que está lá, mas de acordo com sua história, todas as mães e todas as filhas que foi ao longo de sua vida" (SZEJER, 1997, p. 244). Lá estão a menininha identificada com sua mãe diante da feminilidade, que sonhava em oferecer um filho a seu próprio pai, a adolescente vibrando com suas experiências sexuais e a adulta vivendo essa dor inusitada em suas entranhas.

Marie Langer (1986) reforça que, durante o parto, a mulher vive ansiedades que condensam situações e fantasias infantis e atuais, conscientes e inconscientes. Inconscientemente, pode reviver seu próprio parto e a relação primeira com a mãe, mesclada de dependência, raiva, medo, sentimento de culpa, abandono, gratificação e valorização. Pela experiência da dor e do incontrolável dentro do seu corpo e pela regressão emocional à que fica submetida, é bastante comum a evocação da lembrança da mãe, tanto em suas características de cuidado e acolhimento, quanto em aspectos conflitivos. Se os sentimentos de culpa e conflitos são intensos, fantasias de castigo podem concretizar-se no medo de retaliações superegoicas (ansiedade de castração), em forma de preocupações com danos ao próprio corpo, órgãos internos e vagina, lacerações e marcas irreversíveis, bem como efeitos negativos sobre sua sexualidade.

Por todos esses fatores, "vivenciar a regressão física e emocional que ocorre no parto é realmente um desafio máximo à mulher em seus limites e em sua flexibilidade no transitar em diferentes níveis de sua estrutura psíquica" (DONELLI; CARON; LOPES, 2012). Nas horas do trabalho de parto, Klaus e Kennel (1993) afirmam que, conforme as contrações aumentam em duração, intensidade e frequência, as emoções das mulheres também se intensificam e diminuem, alcançando o pânico momentâneo ou a fúria no auge de uma contração, seguida de intervalos de relaxamento e calma entre uma e outra. Seus sentimentos passam da entrega à ansiedade, irritação, lamentação e ao desespero.

Durante as contrações,

> [...] é quando aparecem as lembranças de situações extremas nas quais se sentiram também 'abandonadas' ou 'desamparadas', sem representação conhecida através da qual possa assegurar se [...] o parto em si é uma situação extrema que pode apresentar momentos catastróficos" (ROSFELTER, 1992, p. 66).

Outra possibilidade é a revivência de violência e abusos sofridos, trazendo fantasias de castração, de danos irreversíveis em seus órgãos, delírios persecutórios e até medo da morte.

Durante minha pesquisa de mestrado, na qual observei gestantes em trabalho de parto, tive a oportunidade de constatar essas diferenças individuais e o quanto o inconsciente pode dominar esse momento. Numa das noites em que estava no Centro Obstétrico, entrou uma mulher bonita, instruída e que estava visivelmente em pânico, muito assustada com sua dor. Gritava muito, foi gradativamente se descontrolando, andando muito, entrando em salas não permitidas, tirando a roupa, sem conseguir permanecer no leito, como as outras parturientes eram orientadas a ficar. Eructava e soltava gases, como a querer se livrar de algo que a sufocava. Não ouvia a médica, mal respondia a perguntas.

Seu trabalho de parto corria fisiologicamente dentro do esperado, mas ela se queixava em voz alta da dor e começou a pedir que alguém a matasse, que terminasse com a dor e gritava: *"Me mata!"*, *"Alguém me mata!"*, o que deixou toda a equipe perplexa. Por sorte, uma funcionária da maternidade, amiga da paciente, foi vê-la e contou para mim e para a médica residente que a mãe dessa parturiente havia morrido durante o parto dela. A partir daí, a médica dedicou-se quase exclusivamente a ela, designando outras pacientes ao colega. Levou-a para o chuveiro e esclarecia seguidamente que estava tudo bem com ela. Já na sala de partos, a paciente mostrava-se ainda descontrolada e foi quando a médica a trouxe para a realidade, pedindo que ela colaborasse com o parto, pois sua filha não podia ficar muito mais tempo ali.

Ela então se concentrou e, na segunda força, deu à luz à sua filha, a quem imediatamente pediu desculpas. Acalmou-se, olhou, pegou a filha e a beijou. Depois olhou pra mim e disse *"é que minha mãe morreu quando eu nasci!"*, com os olhos cheios de lágrimas.

O nascimento da filha dessa paciente estava fazendo com que ela relembrasse seu próprio nascimento. Parecia haver medo ou desejo, talvez pela culpa, de que ela também morresse. Sua atitude foi como um grito de socorro para sua defesa contrafóbica: já que devo morrer, que seja logo! Ela chegou a pedir uma injeção para terminar tudo de uma vez. Mesmo sendo objetivamente informada de que estava tudo bem com ela, gritava de desespero, dominada por sentimentos dos primórdios de sua vida.

Outro processo biológico do parto é "a separação de dois organismos que viveram juntos, um dentro do outro, numa relação de total dependência e de íntimo contato permanente" (SOIFER, 1984, p. 51), em que a mulher revive a separação da própria mãe, identificada com o desamparo do bebê, revive sua própria passagem pelo canal vaginal materno. Segundo Soifer (1984), essa é uma das maiores dores humanas: a separação da mãe. É por isso que algumas personalidades mais regredidas vivem buscando o retorno "ao paraíso perdido", por meio de relacionamentos fusionais e simbióticos.

Durante o parto, em algumas parturientes, pode-se perceber um estado alterado de consciência, reações de retraimento, uma espécie de ensimesmamento ou alienação, uma "fuga para as cavernas". É o que algumas doulas denominam "partolândia". Klaus e Kennel (1993, p. 51) afirmam que: "ser deixada sozinha durante o trabalho de parto, não é somente assustador, mas representa uma ameaça severa ao auto conceito da mulher. Ser protegida é ser valorizada, num momento de intenso egocentrismo e temor". E eu acrescento que ser respeitada nesse momento é se sentir autorizada a se tornar mãe e mulher.

Em função das emoções e lembranças conscientes e inconscientes, uma das eventualidades possíveis é a detenção real ou aparente das contrações, detenção do processo de parto. A detenção real é atribuída a crises de ansiedade. Na detenção aparente, as contrações continuam, mas não são sentidas, o que se aproxima de um mecanismo de negação. Além disso, a situação traz em si medo de morrer e da morte do bebê. A mulher vive uma forte ambivalência, pois ao mesmo tempo que as dores (e às vezes o ambiente) a fazem sentir-se assustada e regredida, sente-se profundamente responsável pela vida do bebê.

O medo do tempo que o parto normal pode levar, a impotência, a sensação de fragilidade e incompetência é que muitas vezes fazem com que, a partir de um certo momento, possam se instalar contraturas que conduzem a distocias e à inércia uterina, levando à solicitação ou indicação de cesárea, como forma de acelerar o processo e repassar a responsabilidade para a equipe. Quando amparadas pela equipe, as mulheres conseguem se tranquilizar, tendem a recuperar o controle, concentram-se e colaboram ativamente.

Nesses casos, parece que os bloqueios psíquicos associados à detenção do trabalho de parto,

> [...] mais do que o sintoma manifesto do sentimento de esgotamento, de solidão, de desintegração [...] as ansiedades são tão fortes que conduzem a mãe a uma dificuldade para reconstituir-se e reconhecer seu bebê, assim como a processos de grave ingresso na psicose (ROSFELTER, 1992, p. 68-69).

Embora alguns psiquiatras ainda não conheçam, ou reconheçam, a psicodinâmica do parto pela escassez de pesquisas na área, a nova especialidade em Psiquiatria Perinatal introduziu entre os transtornos psíquicos, durante a gestação e o parto, a Tocofobia.

A Tocofobia é definida como o "terror que algumas mulheres sentem, desmedido e até ilógico, em relação ao trabalho de parto, apesar de muito desejarem a criança" (CAMACHO; CANTINELLI; RENNÓ JR, 2010, p. 137). Esse medo exacerbado do parto classifica-se como: (1) primário – quando as mulheres não têm história obstétrica, protegem-se ostensivamente da gravidez, só aceitando engravidar, caso lhe seja garantido que terá parto cesariano; (2) secundário – que ocorre após história traumatizante de um ou mais partos anteriores, às vezes seguidos de morte fetal, desencadeando sintomas muito próximos ao do Transtorno de Estresse Pós-Traumático (TEPT); (3) terciário – como sintoma de depressão na gestação.

A mulher que viveu experiências frustrantes nas gestações anteriores, tais como abortos e perdas intraparto, ou logo após o parto, fracassos em procedimentos de Reprodução Assistida, fetos malformados e outros, pode trazer consigo certo trauma e medo de "falhar" ou de que "o raio caia novamente no mesmo lugar", comprovando suas incapacidades contra o "destino cruel". Em outras palavras, se algo sair errado com ela ou com o bebê pode comprovar suas fantasias de culpa, não merecimento, castigo (castração) e/ou impotência como mulher. Por isso, a atenção psicológica especializada é recomendada, pois essas mulheres podem ser consideradas gestantes, parturientes e puérperas de risco emocional.

Entretanto, todas as fantasias e estados de confusão podem ser superados pelo desejo de dar à luz, com a ajuda daqueles que assistem a parturiente e, sobretudo, pelo contato com a criança. "Ver o filho recém-nascido e segurá-lo nos braços é a única maneira de voltar a si, de recobrar a identidade perdida [...] O filho denota a especificidade do ato, eliminando assim as confusões" (SOIFER, 1984, p. 59).

Além disso, as vivências físicas e emocionais durante o pré-parto e o parto em si, até o momento do encontro entre mãe e bebê, assumem importância vital, podendo marcar o vínculo inicial entre mãe e filho. Nas psicoterapias de adultos, não são raras as memórias de relatos e comentários ouvidos sobre o quanto fizeram a mãe sofrer desde o parto. Maldonado (2005) acrescenta que, da mesma forma que as características pessoais interferem na conduta durante o parto, os diversos tipos de parto exercem diferentes impactos e são vivenciados e integrados na personalidade de várias maneiras.

A partir daí, fica evidenciada a relevância do contexto institucional e da atuação das equipes. Klaus, Kennel e Klaus (1993) salientam que, apesar de centrada no que acontece dentro do seu corpo, a mulher em trabalho de parto tem sua sensibilidade intensificada a mensagens não verbais, captando vibrações de ternura, aceitação ou desaprovação e crítica daqueles ao seu redor. A mulher que não é "maternada" e acolhida no trabalho de parto tende a repetir esse comportamento com seu bebê.

Eu mesma presenciei esse fato durante minha pesquisa de mestrado no Centro Obstétrico de uma Maternidade. A maioria das parturientes recebia seus bebês com carinho e curiosidade; outras, um tanto cansadas relaxavam quando viam que o filho estava bem e adiavam um contato mais demorado; outra que teve um grande desentendimento com o residente, um desencontro total na comunicação entre ambos com xingamentos e ameaças mútuas, entrou na sala de partos parecendo estar em estado de choque, olhando para o teto, tendo parido sua filha completamente emudecida – depois de muito gritar no pré-parto – e não querendo olhar para sua bebê, nem pegá-la no colo, apesar do estímulo das enfermeiras.

Trago agora outro caso que ilustra a possibilidade da detenção psíquica das contrações uterinas durante o trabalho de parto. Trata-se de uma paciente com 42 anos, em trabalho de parto relativamente tranquilo, silencioso. A paciente ficava a maior parte do tempo respirando, de olhos fechados e rezando um terço que guardava entre os dedos. Estava sendo atendida por um residente muito gentil e acolhedor.

Quando chegou aos 8 cm de dilatação, o residente se aproximou e comunicou que precisaria se afastar por um tempo para participar de uma reunião e que ela seria atendida por um colega. Eu a ouvi dizer: *"vou te esperar"*. Ele disse que achava difícil, pois o processo dela estava andando bem e que talvez não desse tempo e que ela estaria bem atendida por qualquer um dos residentes. Ela então reafirmou que queria ter seu bebê com ele.

Depois de uma hora e meia, quando ele enfim retornou, encontrou a paciente que lhe sorriu, com os mesmos 8 cm de dilatação. Em minutos, seu parto se desencadeou e o residente lhe proporcionou um parto totalmente diferente dos padrões daquele Centro Obstétrico, com música, penumbra e silêncio. Médico residente e paciente se despediram com muito carinho e agradecimentos mútuos após o parto. Enfim, assisti ao vivo e em cores a possibilidade do "estancamento" da dilatação e das contrações em prol do asseguramento de um atendimento de confiança durante o parto, suscitando espanto em toda a equipe.

Após o parto, evidências mostram os benefícios do contato pele a pele e olhar entre mãe e bebê na primeira hora, a chamada *Golden Hour – Hora Dourada,* em que a natureza instintual da mãe e do bebê está propícia a construir a relação de apego entre os dois. Isso não quer dizer que o vínculo não possa ser construído ao longo do relacionamento mãe/pais-bebê, já que o nascimento de um filho pode ter efeitos terapêuticos profundos, que propiciam à mulher, por meio da reparação e identificação com seu filho, recuperar-se de experiências emocionais precoces frustrantes.

Por isso, a citação Szejer (1997, p. 244) no início do capítulo: "Cada mulher que está em trabalho de parto está dando à luz a si mesma", revivendo seu próprio nascimento e renascendo para uma nova identidade. Pacientes puérperas em psicoterapia verbalizaram o quanto passaram a se sentir fortes e potentes depois do parto. *"Se pude passar por um parto e dar tudo certo, posso qualquer coisa!!"*.

Atualmente, movimentos sociais de humanização têm buscado o retorno do parto mais natural possível, sem interferências médicas excessivas, muitas vezes na casa da mulher. Embora me pareça um nome um tanto contraditório, já que nunca deixamos de ser humanos –ou será que nos perdemos pelo caminho? –, por "parto humanizado" e "boas práticas" entenda-se um parto protagonizado pelas mulheres, que organizam um plano de parto, que podem ter seus filhos na posição que se sentem melhor, onde elas escolherem – cama, banheira, etc. –, que têm direito a ambientes tranquilos e a respostas claras e objetivas em relação a suas dúvidas, que recebem massagens ou outros procedimentos atenuadores, durante o trabalho de parto, que pegam seu filho assim que ele nasce.

Da mesma forma, um parto cesáreo pode ser humanizado, quando é elucidado, para as mães e seus bebês, por quais procedimentos vão passar, pelo ambiente calmo e acolhedor, com a presença do pai, com o bebê no colo da mãe após o nascimento sempre que possível. A participação dos companheiros, tanto nos partos domiciliares quanto nas maternidades em partos normais e cesáreos, já prevista pela Lei 11.108/2005, tem se mostrado vantajosa em relação à valorização da mulher e à vinculação mais efetiva com o bebê.

No entanto, todas as regras da "humanização do parto" atual hospitalares ou domiciliares, a meu ver, devem ser sempre discutidas e aplicadas de acordo com a subjetividade da parturiente. Ressalvadas obviamente as possíveis complicações que mereçam intervenções urgentes.

O movimento a favor dos partos domiciliares, que muitos profissionais da saúde qualificam como radical e arriscado e com o qual não concordam, parece demonstrar uma resposta social e feminista à chamada "violência obstétrica". O fato é que, estando dentro de um hospital, num estado de regressão emocional e assustada, preocupada com seu bebê e consigo mesma, a mulher às vezes não vê outra alternativa a não ser se submeter aos protocolos de atendimentos previamente estabelecidos, principalmente por projetar na equipe idealizações e esperanças de que essa poderá "salvar" seu bebê e ela mesma, não importa o que aconteça.

Não tenho posição política nem quero polemizar sobre partos domiciliares que, a meu ver, devem ser de opção e responsabilidade de quem os escolhe. Nesse sentido, vale a pena caracterizar o que se constitui "violência obstétrica" e porque tem sido discutida e evidenciada nos dias de hoje. Videla (1997) destaca como tal as seguintes atitudes: (1) o denegrimento verbal e corporal das mulheres, principalmente de baixa renda, em todos os lugares do mundo; (2) a atenção mecanizada, tecnicista, impessoal e massificada do parto; (3) dores a que são submetidas pela equipe, às vezes sem aviso prévio, como indução do parto por ocitocina, toques vaginais, episiotomias e manobras de Kristeller.

Além disso, nos resultados de minha pesquisa de mestrado, que visava a observar e descrever os fenômenos psicológicos envolvidos na relação médico residente/parturiente, surgiram como principais fatores prejudiciais e ansiogênicos dessa relação a comunicação truncada ou inexistente entre os implicados e o despreparo psicológico da equipe para o acolhimento das necessidades emocionais das mulheres em trabalho de parto.

Outro importante fator em instituições hospitalares "conservadoras" é a concepção de o médico é quem tem o controle e o poder sobre o parto. Ouvi, algumas vezes, residentes brincando uns com os outros, ameaçando o colega que o substituiria no plantão de que deixaria a sala (pré-parto) cheia ou se vangloriando de ter deixado a sala "limpa", pois acelerara os partos para zerar o número de pacientes à espera do colega no próximo plantão. O uso mais frequente era a aplicação da ocitocina como forma de "auxiliar as parturientes".

No entanto as equipes, por sua vez, também estão sujeitas a muitos tipos de transferência e mecanismos defensivos, como os persecutórios e agressivos por parte das parturientes. Evidentemente, médicos e médicas mais sensíveis e dedicados têm se atualizado e se humanizado, mas, infelizmente, muitas das violências permanecem, quer sejam provocadas pelas ideologias e condições institucionais, quer seja pelo desamparo ou pela falta de preparo psicológico e treinamento das equipes de saúde.

Da mesma forma que os partos "normais", as cesáreas não são todas iguais. Elas se definem pela extração cirúrgica do bebê, mas equipe e paciente estão sujeitas a vicissitudes diversas. Uma cesárea a pedido, com data marcada, "parece" mais tranquila. A solicitação de parto cirúrgico pelas parturientes provém de diferentes motivações, como vaidade, medo de danificar os órgãos genitais (alargar) e características psicológicas passivo-dependentes exacerbadas, falta de confiança em si mesmas para enfrentar o parto e fantasmas causados por desinformação ou mitos familiares. Exemplo: "nem adianta sonhar, na nossa família todas as mulheres fazem cesárea".

Muitas vezes os próprios médicos, por não conhecerem as características emocionais da gestante, podem semear o pânico nas gestantes com observações, como: "você tem quadril estreito", "seu bebê é muito grande", "na semana provável do teu parto vou estar viajando" etc. O resultado disso é a ideia que a mulher vai construindo de que só poderá ter o filho por cesárea.

Mesmo que muitas mulheres optem por esperar o início do trabalho de parto para fazer a cirurgia, propiciando ao bebê usufruir dos benefícios do parto normal, como "saber" que vai nascer, podem surgir circunstâncias inesperadas, como ter um trabalho rápido e a criança nascer antes de a cirurgia se efetivar, começarem a falhar os batimentos cardíacos do bebê, aumentar a pressão arterial da mulher e tantas outras possibilidades, o que certamente repercute em tensão e ansiedade até constatar que ela e o bebê não correm nenhum perigo.

Uma cesárea é indicada geralmente porque ocorreu algum obstáculo ao processo normal. Por isso, existe um fantasma associado às cesáreas que lembra urgência e perigo. Porém, para algumas mulheres, pode significar incompetência também – "será que não vou conseguir dar à luz o meu filho?" –, dadas as exigências e idealizações em relação ao parto normal a que estão submetidas. Algumas chegam a desenvolver depressão pós-parto desencadeada por não terem conseguido realizar esse sonho consciente.

Contudo, imprevistos podem ocorrer. Campanhas em prol do parto normal incluem contraindicações da cesariana, deflagrando pânico, e têm consequências tanto para o estado emocional da mulher quanto para o tempo e a qualidade da recuperação da mãe, podendo interferir no vínculo com o bebê. Pode-se observar que a mulher participa mais ativamente do parto cesáreo, pois a anestesia é somente local; o companheiro geralmente está junto e, se correr tudo bem, os médicos podem ir relatando o que está acontecendo. Alguns médicos já se propõem a fazer cesáreas humanizadas, com penumbra, música clássica, esperando o cordão umbilical parar de pulsar e orientando o pai a cortá-lo. Atitudes que podem minimizar as ansiedades, reduzir a culpa e estimular um encontro com o bebê o mais próximo possível do parto normal humanizado.

E o bebê? Como será que ele vive tudo isso?

Winnicott (1978), em sua teoria, defende a importância de o bebê poder viver uma continuidade desde o intraútero até depois do nascimento. A sensação de descontinuidade causada por separação abrupta da mãe, sensações físicas desconhecidas até então, bem como privações, provoca angústias catastróficas e confusão. Na vinculação com a mãe, o bebê pode recuperar esses traumas que, na verdade, depois dos ensinamentos sobre parto humanizado, são desnecessários e prejudiciais.

Para evitar essa descontinuidade traumática é que o referido autor sugeriu um tipo de parto mais suave, com menos agressões sensoriais, como menos luzes fortes, silêncio na sala e menos procedimentos invasivos. Embora Freud (1926) tenha considerado a possibilidade de ansiedades provocadas pelo nascimento, Winnicott (1978) faz uma diferenciação e considera que, se o bebê teve uma gestação tranquila, ele reuniu condições de enfrentar o nascimento. Esses casos, ele denomina "experiência de nascimento", a qual constitui uma amostra exagerada de algo que o bebê já conhece. Nesse sentido, o que o bebê sente não passa de uma reação, e o ambiente deve proporcionar a sensação de retorno à continuidade.

No entanto, se a mãe esteve muito ansiosa ou deprimida durante a gestação e/ou durante o parto, o bebê se "contamina" com os sentimentos da mãe; e, se o ambiente for por demais intrusivo, o parto pode se tornar traumático. "A continuidade pessoal do indivíduo é interrompida por reações a invasões prolongadas" (WINNICOTT, 1978, p. 326). Se o trauma é significativo, fica gravado na memória e pode ser reativado em situações similares até a idade adulta.

Há autores que acreditam que o modo de nascer, doloroso ou fácil, tranquilo ou violento, determina, em grande medida, a futura personalidade e a visão do mundo que o bebê terá. Por isso, a importância do contexto facilitador e acolhedor, tanto para a mãe quanto para o bebê, durante o parto e imediatamente após o nascimento. A tranquilização e a minimização de medos e ansiedades, mediante a redução de procedimentos invasivos ou violentos, é que constitui a meta do chamado parto humanizado.

Ainda, para os estudiosos de bebês, apesar de muitas vezes indicada, necessária e urgente para a sobrevivência do bebê e da mãe, a cesariana pode representar, emocionalmente, para o bebê uma verdadeira violência. No entanto, apesar da evolução da medicina e de todas as possibilidades de preparação das mães para o parto, por meio de técnicas de ioga, fisioterapia pélvica, pilates, grupos de gestantes, sugeridos em blogs, sites de internet e revistas especializadas, Myriam Szejer (2016, p. 137) afirma que "o nascimento permanece um momento crítico em que a emergência sempre pode ocorrer".

Então, como auxiliar mães e bebês nessas circunstâncias? Szejer responde:

> [...] a emergência não impede as palavras [...]. As palavras ditas à criança, mesmo muito pequena, serão estocadas em seu inconsciente e permitirão que ela construa sua história, sem ruptura com a vida de antes do nascimento por ela memorizada (2016, p. 144).

Independentemente de quais sejam as condições do nascimento, é muito importante, para a saúde mental do bebê, conversar com ele, explicar o que está se passando, avisá-lo de que vai nascer e como vai nascer. A mãe pode até mesmo esclarecer o que está sentindo para que ele se contextualize, obviamente não de forma racional, mas afetiva e sensorialmente, o que se passa com ele e com a mãe durante o trabalho de parto, na preparação para a cesariana, ou parto normal, e depois do nascimento.

Uma gestante em psicoterapia comigo demonstrava muita aflição porque ouvira falar que os bebês nascem à noite ou de madrugada; e seu marido trabalhava à noite. Queria entrar em trabalho de parto durante o dia, pois contaria com a presença e o apoio dele. Sugeri que ela "combinasse", por palavras com o bebê, a hora de seu nascimento. E assim ocorreu, o bebê nasceu de dia, e foi tudo bem. Ela estava muito feliz e impressionada quando retornou ao processo de psicoterapia.

Ainda há controvérsias sobre quem inicia o trabalho de parto: a mãe ou o bebê. De qualquer forma, o que mais se constata é essa possibilidade de comunicação inconsciente mãe bebê e o uso das palavras para localizar o bebê dentro do contexto real externo ou afetivo da mãe (desejo).

REFERÊNCIAS

BRASIL. **Decreto-lei n.º 11.108/2005**, de 7 de abril de 2005. Decreta e sanciona o acompanhamento durante o trabalho de parto, Brasília, 2005.

CAMACHO, R. S.; CANTINELLI, F. S.; RENNÓ JR, J. Outros transtornos psiquiátricos na gravidez e no puerpério. *In*: VASCONCELOS, A. A. J.; TENG, C. T. (org.) **Psiquiatria perinatal:** diagnóstico e tratamento. São Paulo: Editora Atheneu, 2010.

CLAVREUL, J. **A ordem médica:** poder e impotência do discurso médico. Tradução de Marco Antonio Coutinho Jorge, Jorge Gabriel Noujaim e Potiguara Mendes da Silveira Junior. São Paulo: Editora Brasiliense, 1983.

DONELI, T. S.; CARON, N.; LOPES, R.C. S. A experiência materna do parto: confronto de desamparos. **Revista de Psicanálise da SPPA**, Porto Alegre, v. 19, n. 2, p. 295-314, ago. 2012.

FREUD, S. (1926). Inibição, sintoma e angústia. Tradução de J. Salomão. *In*: FREUD, S. **Obras Completas**, Rio de Janeiro: Imago Editora, 1976.

KLAUS, M. H.; KENNEL, J. **Pais/Bebês:** a formação do apego. Tradução de D. Batista. Porto Alegre: Editora Artes Médicas, 1993.

LANGER, M. **Maternidade e Sexo.** Porto Alegre: Editora Artes Médicas, 1986.

MALDONADO, M. T. **Psicologia da Gravidez.** 17. ed. São Paulo: Editora Saraiva, 2005.

MORAES, M. H. **Os fenômenos emocionais envolvidos na prática médica:** um estudo da interação médico residente-parturiente. 2001. Dissertação (Mestrado em Psicologia do desenvolvimento, saúde e comunidade) – Faculdade de Psicologia, Universidade Federal de Santa Catarina, Florianópolis, 2001.

ROSFELTER, P. **El nacimiento de una madre:** bebe blues (O nascimento de uma mãe: baby blues). Buenos Aires: Editora Nueva Visión, 1992.

SOIFER, R. **Psicologia da gravidez, parto e puerpério.** Tradução de Ilka Valle de Carvalho. Porto Alegre: Editora Artes Médicas, 1984.

SZEJER, M.; STEWARD, R. **Nove meses na vida de uma mulher:** uma abordagem psicanalítica da gravidez e do nascimento. São Paulo: Casa do Psicólogo, 1997.

SZEJER, M. **Se os bebês falassem.** São Paulo: Instituto Langage, 2016.

VIDELA, M. **Maternidad:** mito y realidade (Maternidade: mito e realidade). Buenos Aires: Ediciones Nueva Visión, 1997.

WINNICOTT, D. W. **Textos selecionados:** da pediatria à psicanálise. Rio de Janeiro: Livraria Francisco Alves Editora, 1978.

CAPÍTULO 8

PSICODINÂMICA E TRANSTORNOS MENTAIS DO PUERPÉRIO – O BEBÊ NOS BRAÇOS

> *O puerpério é uma viagem incrível. Se você permitir silêncios, espaços de lacuna para o mundo lá de fora e se devotar à fusão com seu bebê irá redescobrir muitas coisas sobre você mesma.*
> (Alexandre Coimbra Amaral)

O período do pós-parto, também chamado de puerpério, é aquele que se inicia imediatamente após o nascimento do bebê e pode durar até dois anos. As puérperas, mães recém-nascidas, caracterizam-se em geral pela ambivalência, manifestando-se potentes e corajosas por sentirem o poder e a realização de dar vida a seu filho e, ao mesmo tempo, assustadas com todo o novo que têm que enfrentar. É o tempo de encontro consigo mesmas e com seu bebê, materializado em seus braços.

Emocionalmente, para chegar ao lugar e num tempo onde já existe uma rotina, códigos e ritmos são estabelecidos entre mãe e bebê, entre mãe e pai, entre pai e bebê e entre a tríade familiar. A mulher, principalmente, tem de passar por algo que vou comparar a uma ponte. Essa ponte, que vai ser mais longa ou mais curta, mais larga ou mais estreita, mais firme ou mais oscilante como se fosse pênsil, é o puerpério imediato.

Tal qual a gestação e o parto, esse período não é uniforme e protocolar para todas. Pelo contrário, é na vivência concreta da maternidade que vão surgir as particularidades, os estilos de maternagem, as facilidades e dificuldades, sempre tendo como referência básica a história da mãe como filha e como mulher.

O puerpério imediato (a ponte imaginária) ocorre até os primeiros dois meses após o nascimento do bebê. As mulheres têm que passar por ele enfrentando os ajustes biológicos, como troca de hormônios, recuperação do parto, com algum desconforto físico, dores pela episiotomia – se foram submetidas a uma – ou pela cirurgia cesariana, sangramento, vicissitudes do início da amamentação, concomitantes à excitação pelo nascimento do filho.

Por todas essas características adaptativas e transacionais, biológica e emocionalmente falando, é que Maldonado (2005, p. 89) denomina esse momento como o "quarto trimestre da gravidez", em que as mulheres se encontram encharcadas de sangue, suor, leite e lágrimas, desejando chegar ao terreno seguro da maternidade – ainda sem saber muito bem como – em busca de sua nova identidade (LIMA, 2020).

Narcisicamente, o puerpério pode ser um tempo difícil, pois a mulher que, durante a gravidez, viveu seus direitos de privilégios em ônibus, filas e outras situações, que era exaltada pela beleza e exuberância de sua barriga, passa a ficar em segundo plano, pois agora os olhos e o interesse das pessoas ao seu redor voltam-se para o bebê que passa a ser a estrela do momento. Outra "tarefa" da puérpera é lidar com o meio em seu entorno, como visitas, interferências, opiniões não solicitadas e, ao mesmo tempo, com uma sensação de "solidão acompanhada", por não sentir espaço para falar de si, apesar de precisar muito.

Nesse período, as mulheres costumam voltar ao obstetra, visitam o pediatra várias vezes. Quando podem, chamam consultoras de amamentação, ou procuram opiniões de amigas que já são mães, bem como grupos na internet, tentando encontrar alguém que as entenda e ouça suas dúvidas.

Laura Gutman (2007, p. 63) qualifica o puerpério como "uma viagem de ida, o início de um estilo de comunicação com o próprio ego". A instabilidade e a oscilação emocional da mulher fazem parte desse período, por representar uma situação desconhecida – mormente para mães de primeiros filhos –, que implica adequações e acarreta modificações intra e interpessoais.

Psicologicamente, o nascimento de um filho constitui o final de uma jornada e o início de outra, em que a gestante deve se transformar em mãe, e o feto torna-se real como filho. Raquel Soifer (1984) considera o puerpério uma situação de delimitação entre o perdido, a gravidez com tudo o que ela significava para a mulher e o adquirido, representado pelo filho, bem como uma delimitação entre os períodos caracterizados pelas fantasias inconscientes e pela realidade. Nesse sentido, para Raphael-Leff (1997, p. 127-128),

> [...] as primeiras semanas após o nascimento não são meramente período de aprender a lidar com um novo bebê, mas um apaixonado confronto com um ser que esteve no seu interior e [...] incita antigos resíduos da infância em ambos, mãe e pai.

Conforme citado nos capítulos anteriores, durante a gravidez, no parto e nos primeiros anos de vida do bebê, acontece toda uma revivência inconsciente do vínculo precoce com a própria mãe. São revividas a própria gravidez, o parto, a amamentação, as gratificações, as privações, os sentimentos de abandono, os estados emocionais saudáveis e patológicos na relação com a mãe.

Alguns conflitos intrapsíquicos que se fazem notar nesse momento emocional podem ser expressão de algo profundo e latente no seio da família, que ganha força e recurso de comunicação (FELICIANO; SOUZA, 2011). Se, por exemplo, a mulher apresenta características de personalidade dependente e simbiótica, poderá vivenciar esse período como um momento de separação física e emocional doloroso, no qual o ventre vazio a faz sentir que perdeu uma parte de si mesma e a faz relembrar, segundo Soifer (1984), uma das angústias mais arcaicas, que é a separação da própria mãe.

A relevância do estudo, da compreensão e do acompanhamento psicológico das mães recém-nascidas é que, além de algumas sofrerem de ansiedades de diferentes origens, existe um bebê real a ser cuidado e incluído no universo psíquico delas, com todas as demandas e necessidades. Conforme explicitadas no Capítulo 2 deste livro, Palacio-Espasa e Cramer (1993) denominam "neoformação" a dupla mãe/ bebê, que se constitui de duas pessoas, mas que se comunicam por identificações projetivas e introjetivas, sensorial e intuitivamente, com uma ligação bastante primitiva.

A conexão e o amor da mãe por seu filho podem não ser imediatos, mas vão se desenvolvendo naturalmente quando a dupla vai se conhecendo e se dispondo a decodificar formas de comunicação não verbais. A mãe, "dedicada" a seu filho, como dizia Winnicott (1978), sente-se cansada pelas noites mal dormidas, mas, ao mesmo tempo, muito gratificada ao ver seu bebê olhá-la com insistência, crescer, começar a sorrir, acalmar-se quando está em seu colo. Sente-se exausta às vezes, mas muito bem por sentir-se importante e necessária.

O sentimento de gratidão para com a criança, que oferece à mãe o prazer de ser capaz de amá-la, pode conduzir a uma atitude em que a preocupação máxima dessa mãe seja dirigida ao bem-estar do bebê, associada à sua própria gratificação e seu próprio bem-estar. Klein e Rivière (1975, p. 110) destacam que

> [...] estimular o desenvolvimento da criança há de proporcionar-lhe plena satisfação. Satisfação esta intensificada por

> fantasias de fazer pela criança o que sua própria mãe fez por ela ou que gostaria que a mãe fizesse. Ao atingir esse objetivo, ela retribui o que deve à mãe e repara danos feitos, em fantasia, aos filhos de sua mãe, o que também vem reduzir os sentimentos de culpa.

A disposição para essa relação está fundada na capacidade materna de desenvolver a "quase" doença que Winnicott (1978, p. 493) denominou "preocupação materna primária", uma sensibilidade aumentada que provoca uma regressão e possibilita complexas identificações: da mãe com o bebê, do bebê com o bebê que ela própria foi, da mãe com sua própria mãe, do bebê com a mãe da mãe, dentre outras variações nas quais entram irmãos, avós e outros membros da família, amigos, vizinhos.

A primeira, a identificação da mãe com o bebê, já foi citada no Capítulo 2 quando descrevi a função continente de Bion e o *holding* de Winnicott, como fatores essenciais da função materna, que facilita a detecção das necessidades físicas e emocionais do bebê e o atendimento dessas demandas. A segunda, a identificação do bebê com o bebê que ela foi, pode ser também facilitador de aproximação e aceitação do filho. No entanto, na minha prática como psicoterapeuta de puérperas, deparei-me com mães que levavam consigo pesados sentimentos de culpa em relação à mãe e viam nos bebês as próprias "maldades" projetadas. Como exemplo, uma mãe com o bebê recém-nascido, sentindo muita dificuldade de amamentá-lo, acalmá-lo, fazê-lo dormir, começou a verbalizar medo de ficar deprimida igual à sua mãe sempre foi e a pensar se a causa dessa depressão não tinha sido o trabalho que ela como bebê teria dado à sua mãe, a ponto de fazê-la adoecer e morrer.

Na terceira forma de identificação, por sua vez, o bebê traz à tona características da própria mãe introjetada (seu superego), a qual ouve o choro do filho, por exemplo, como uma acusação, ou crítica, em relação a ela, dificultando o estabelecimento de trocas gratificantes. Necessário salientar que esses e outros tipos de identificação não são excludentes e dependem consideravelmente das estruturas de personalidade e da história de cada mãe, que vive então esse paradoxo de ter que cuidar do bebê quando está imersa em suas rememorações infantis consciente e/ou inconscientemente. Daí a sensação de muitas que relatam se sentirem perdidas e confusas.

Importante poder "maternar" essa mãe momentaneamente regredida, ouvir suas fantasias e sofrimentos para auxiliá-la a se desvencilhar dos obstáculos diante da maternidade real sem a interferência de seus fantasmas, como lembram Fraiberg, Adelson e Shapiro (1994). Fantasmas esses que podem passar despercebidos, ou cobrarem atenção de forma intensa.

Por outro lado, não se pode mais considerar que a relação a ser estabelecida com o bebê tem sua natureza eminentemente determinada pela mãe. Relevantes estudos sobre os bebês, como os de Lasnik (2013) e Parlatto (2020), do Instituto Langage, além de Jerusalinski (2002; 2014) e outros no Brasil, têm demonstrado que as características que vêm com o bebê, como as corporais – genéticas, neuromotoras, sensorialidade –, vivências intrauterinas e outras podem também definir e direcionar a relação mãe/pais-filho.

Existem situações bem concretas e evidentes que serão apontadas no Capítulo 12, como os casos de prematuridade, deficiências e malformações. Porém, atualmente, também têm sido passíveis de serem detectadas outras situações, antes invisíveis no início da vida do bebê, que surgem mais tarde com diagnósticos dramáticos, como psicose infantil e autismo.

Trata-se de características de inconsolabilidade, dificuldade de olhar a mãe, aparência apática, parecendo não se sentir bem no colo e que assustam, desencantam e "enlouquecem" as mães. Como citei anteriormente, a dupla, essa "neo-formação", referida por Cramer e Palacio-Espasa (1993), precisa se realimentar. A mãe também precisa de gratificações, para desenvolver confiança e senso de capacidade.

Aqui estou lembrando o que vários autores falam da diferença entre o bebê real e o bebê ideal, sonhado pelas mães e pais. E isso é uma realidade. Em casos extremos, às vezes, o bebê pode ter sido muito idealizado pelos pais – filho como fruto do narcisismo dos pais – a ponto de terem negado as dificuldades de lidar com um recém-nascido, por exemplo; mas em outros, o bebê real traz em si sofrimentos e dificuldades nunca imaginados.

Muitas são as mulheres que enfrentam as vicissitudes puerperais com a predominância da empatia em relação ao filho; outras enfrentam o puerpério com maior ambivalência e conflito, podendo a mãe ou o bebê desenvolver sintomas temporários, como depressão e ansiedade, e o bebê apresentar dificuldades de sono e amamentação (CRAMER; PALÁCIO ESPASA, 1993). Daí a necessidade de intervir na relação mãe-bebê para compreender esses sintomas e evitar sofrimento e patologias futuras. Algumas, porém, com estruturas mais fragilizadas, podem desenvolver transtornos mentais, como os descritos a seguir.

TRANSTORNOS MENTAIS DO PUERPÉRIO

Há tempos, o puerpério é considerado um momento crítico, de alto risco emocional, risco esse que está relacionado a diferentes fatores psicossociais. Como apontado no Capítulo 5, há mulheres que engravidam já estando acometidas de transtornos, como Transtorno de Ansiedade Generalizada (TAG), depressão, dependência química, transtornos alimentares, entre outros. Essas necessitam de acompanhamento especializado, desde o pré-natal até depois do parto, pela possibilidade de continuidade ou agravamento desses quadros no puerpério.

Além dos quadros clínicos pré-existentes, é necessário identificar e distinguir estados de depressão e ansiedade que são reativos a circunstâncias reais vividas pelas mulheres, tais como perdas importantes de entes queridos durante a gravidez, vivências anteriores de abortamento, perda perinatal, partos traumáticos, que por si só colocam as mulheres em situação de risco emocional no puerpério; às vezes pelo fato de a mulher estar deprimida, enlutada, com medo de se apegar ao bebê e outras possibilidades psicodinâmicas.

Nos primeiros dias após o parto, em situações "normais", de 80 a 90% das mulheres apresentam um quadro chamado *baby blues*, *postpartum blues*, ou tristeza puerperal. Esse estado emocional se caracteriza como um período esperado e transitório de instabilidade emocional, lágrimas imotivadas, tristeza súbita, introversão, irritabilidade e cansaço. Ocorre entre o segundo e o quinto dia após o parto – por isso, também é chamado de "síndrome do terceiro dia" ou "depressão transitória" (BYDLOWSKI, 1997; 2000) – e deve desaparecer até o final do primeiro mês.

As causas do *baby blues* são complexas, envolvendo o fim do estresse da gravidez e do parto, as novas condições hormonais, mas, principalmente, uma desorganização do ego materno, conforme descrito anteriormente. O *blues* faz parte da preparação da mãe para apreensão e compreensão das necessidades do bebê, da reorganização da identidade materna, o que, de alguma forma, explica sua universalidade (MORAES, 2010). Algumas mulheres se assustam com a intensidade dessas sensações dos primeiros dias e semanas, imaginando-se com depressão pós-parto.

Contudo, só quando o *blues* não desaparece e, pelo contrário, exacerba-se em intensidade e em número de sintomas que ele se torna o precursor da depressão pós-parto (DPP). Essa se constitui num importante problema de saúde pública, pois se instala em um momento crucial no ciclo da vida familiar, na concretização do sentido da parentalidade e do nascimento psíquico da criança, afetando tanto a saúde da mãe, quanto o desenvolvimento do bebê.

"A DPP é limitante e pode durar meses sem melhora espontânea e sem ajuda, se torna uma provação dolorosa no primeiro ano de vida do bebê" (BYDLOWSKI, 1997, p. 193). Sua prevalência é em torno de 25% nas pesquisas com puérperas, mas há suspeitas de subnotificação por duas razões principais. Primeiro, porque as mulheres tendem a silenciar seus sentimentos e desconfortos, devido à vergonha e sensação de inadequação diante do "mito do amor materno" característico da cultura ocidental (BADINTER, 1985). Segundo devido à invisibilidade da DPP pelo desconhecimento ou pela falta de condições técnicas de diagnosticar esse fenômeno psíquico em sua integralidade pelas equipes de saúde. Os sintomas de DPP podem ser confundidos com reações à exaustão provocada por noites mal dormidas e outras demandas do bebê (MORAES, 2010; 2011).

A DPP tende a ser mais intensa quando há uma quebra de expectativa em relação ao bebê, a si própria como mãe e ao tipo de vida que se estabelece com a presença do filho, o que resulta em prostração, desapontamento, impressão de não ser capaz de enfrentar a situação. A mulher, em sua identificação regressiva com o bebê, passa a solicitar cuidados e atenção para si, mobilizando preocupação nos familiares (MALDONADO, 2005).

Como principais sintomas, a DPP pode apresentar: desânimo profundo, cessação de interesse para o mundo externo, perda da capacidade de amar, inibição de toda atividade, baixa autoestima, humor deprimido, irritabilidade, choro frequente, falta de energia, agitação ou retardo psicomotor, capacidade diminuída para pensar e concentrar-se, inapetência ou seu oposto, insônia ou sonolência, sentimentos de desamparo e desesperança, sensação de não dar conta do bebê, sentimentos de inutilidade e culpa, pensamentos recorrentes de morte, bem como diversas manifestações psicossomáticas, dentre elas, cefaleia, hemorragias, infecções, fissuras mamárias, dificuldades na lactação (SOIFER, 1984; MALDONADO, 2005; RUSCHI *et al.*, 2007).

Outras particularidades clínicas são descritas na DPP, tais como comportamento ansioso e sintomas obsessivo-compulsivos, na tentativa de controle de fortes sentimentos ambivalentes, como: pensamentos recorrentes de causar danos a bebê, imagens envolvendo morte ou algo terrível acontecendo ao bebê, que reforçam condutas de hipervigilância e vigília, checando se o bebê está respirando ou lavando o bebê constantemente (MORAES, 2010).

Ainda, segundo pesquisa de Moraes (2010), existem fatores psicossociais predisponentes à DPP:

- relativos à família: presença de transtorno psiquiátrico da família, história familiar de depressão pós-parto, condições socioeconômicas e ambientais desfavoráveis, conflitos familiares e reduzido suporte social;

- relativos à própria mulher: história de transtorno de humor ou ansiedade prévios, ou durante a gravidez, história de transtorno disfórico pré-menstrual, abuso sexual na infância, gravidez precoce, não planejada ou não aceita, vivência negativa de gravidezes anteriores, maneira como foi assistida no parto, mães solteiras, muitos filhos, abortamentos repetidos, baixo nível de escolaridade, abuso de substâncias, eventos estressantes nos últimos 12 meses, desemprego ou volta precoce ao trabalho;

- relativos à vida conjugal: atitude negativa do pai da criança em relação à gravidez, ausência de um companheiro, conflitos conjugais, violência doméstica, desemprego do companheiro.

A sintomatologia e a psicodinâmica da DPP assemelham-se a qualquer transtorno de humor, diferenciando-se desses por se desencadear pela corporeidade do bebê, que traz à tona o psiquismo antes reprimido da mãe. Delassus (2002) caracteriza e define a DPP como uma "doença da maternidade". Daí se destacarem, entre outros traços, por sentimentos de culpa em relação ao bebê ou pela dúvida quanto à capacidade de ser mãe.

Considerando a subjetividade de cada mulher, fica evidente que não há um quadro geral e único de DPP, tal como descrito pela psiquiatria. O que há são mães deprimidas que apresentam o que Cramer e Palacio-Espasa (1993) denominou "preocupação materna patológica". As dificuldades recaem sobre o exercício das funções maternas e da construção de um espaço psíquico e real para o bebê. A patologia se instala basicamente nas interações com o filho de forma mais consciente ou inconsciente, apresentando diferentes graus de implicação na vida intra e interpsíquica e, por consequência, na díade mãe-bebê e na tríade mãe-pai-bebê (FRIZZO; PICCININI, 2007).

Ao exercer a função materna, a mulher deprimida pode perceber a criança como exaurindo a mãe, retirando coisas dela. Ao mesmo tempo, surge a sensação de incompetência de fornecer o que a criança precisa, já que não pode dar o que ela própria não recebeu como bebê. Nesse sentido, a DPP evidencia uma falta originária, uma sensação de não ter forças para as exigências da maternidade, pois o luto pelos seus próprios desejos de amor frustrados não está elaborado, devido a dificuldades precoces na relação com a própria mãe.

Por outro lado, para Delassus (2003), não há dor maior no mundo que a maternidade impossível ou com problemas graves. Um filho morto traz uma grande dor, mas um filho que é gerado sem vida, ao mesmo tempo que a mãe se sente morrer, é uma dor ainda maior. Em situações extremas de projeções maciças de desapego, abandono, invasão, violência sutil, como deixar a criança adoecer por negligência, ou por violência declarada –maus--tratos, abusos, agressões –, o que se constata é a total incapacidade das mães que geralmente não foram acolhidas em suas próprias necessidades e temores projetados no bebê.

Nesses casos, as crianças têm que lidar sozinhas com suas angústias, refletindo em suas personalidades o vazio de suas primeiras interações, repetindo transgeracionalmente a história de abandonos psíquicos. Além disso, a mulher, quando apresenta um quadro de DPP, pode mencionar desejos de suicídio ou de matar o bebê. Infelizmente, o maior índice de mortalidade materna no primeiro ano de vida do bebê se deve à DPP, que culmina com suicídio.

Quadro patológico semelhante é o que André Green (2012) denominou "a mãe morta", em que a mãe "não existe", ou existe como morta-viva, resultando em uma identificação profunda da criança com este "não-ser", que é uma mãe deprimida, introspectiva e narcisisticamente retraída, com a impossibilidade de se doar: mães com dificuldades de exercerem a maternidade e alcançarem realização feminina por meio dela. "A mãe morta é, portanto, ao contrário do que se pode crer, uma mãe que permanece viva, mas está por assim dizer morta psiquicamente aos olhos da pequena criança de quem cuida" (GREEN, 2012, p. 249).

Além disso, "as mulheres que se dão mal na maternidade são rejeitadas [...] Não é bom ser mãe com dificuldade de ser mãe [...] é uma vergonha e um ultraje à ordem estabelecida [...]" (DELASSUS, 2003, p. 244). Contudo, apesar do sofrimento, muitas mulheres não querem saber e não querem propagar suas dificuldades, pois isso contrariam a idealização visceral associada à maternidade.

Concluindo, a DPP, como manifestação sintomática do conflito da mulher diante da maternidade, tem origem no intrapsíquico e pode ser agravada por circunstâncias externas; mas, indiscutivelmente, perturba, dificulta e às vezes impossibilita a relação com o bebê. Ao bebê, por sua vez, restam duas alternativas: se esforçar muito para se fazer visto por essa mãe e conseguir tirá-la da depressão, ou desistir de si para cuidar dela, desenvolvendo o que se chama de "falso *self*", atendendo aos desejos da mãe para mantê-la viva e deixando o seu vir-a-ser para nunca mais.

A técnica psicoterápica a ser aplicada nas DPPs é a de Psicoterapia Psicanalítica de longo prazo, iniciando de modo bastante focal, considerando os sintomas, os conflitos subjacentes e a relação com o bebê, sempre relacionando o sofrimento atual com a história de vida psíquica da mulher. Às vezes, há necessidade de associação de medicamentos e acompanhamento psiquiátrico. Na minha experiência clínica, o uso exclusivo de medicação, sem psicoterapia, alivia sintomas, mas não recupera totalmente a depressão porque os significados psicológicos inseridos na doença não são identificados nem elaborados.

Outro grande distúrbio psíquico do puerpério é a Psicose Puerperal, que ocorre entre 0,1 a 0,4% dos partos, mais comum em primíparas (RENNÓ JR; RIBEIRO; RIBEIRO, 2010). A psicose do tipo agudo acontece em jovens mães primíparas, com alto grau de reincidência em gravidezes posteriores. Quarenta por cento das mulheres hospitalizadas, no período pré-natal, por transtorno bipolar ou psicose são hospitalizadas novamente no pós-parto. O quadro clínico se instala bruscamente, e sua duração é relativamente curta, de horas a semanas. Ocorre do segundo ao terceiro mês depois do parto e pode requerer intervenção medicamentosa e/ou internação hospitalar (BYDLOWSKI, 2000).

Na psicose puerperal, ocorre grave prejuízo da capacidade funcional da mulher, podendo apresentar confusão mental, agitação psicomotora, insônia, angústia, prejuízo de memória e irritabilidade. Esse quadro se caracteriza por comportamentos maternos que denotam repúdio total ao bebê, apatia, comprometimento do juízo de realidade, delírios e alucinações, geralmente relativos à criança, com risco de suicídio e infanticídio.

Na forma paranoide, os delírios podem ser relativos a roubo do bebê, ou que o bebê é um representante do diabo, por exemplo, e, por isso, deve ser eliminado, associado a comandos para matar o bebê. Na forma esquizofrênica, há dificuldade de perceber o bebê como separado de si, permanecendo num vínculo simbiótico, às vezes negando que a criança tenha nascido (MARQUES, 2003).

A psicose puerperal deve sempre ser tratada como uma emergência psiquiátrica e receber tratamento imediato, obrigatoriamente pelo uso de psicofármacos. Atualmente, a psiquiatria perinatal já dispõe de medicações que não pressupõem a desistência da amamentação. Outra medida de proteção às vezes necessária é a internação psiquiátrica, mesmo que imponha a separação mãe-bebê. Uma sólida aliança terapêutica deve ser estabelecida entre e o médico, paciente e seus familiares, para que o tratamento se inicie o mais rapidamente possível. Quando há possibilidade de encontros supervisionados entre a mãe internada e seu filho, incrementa-se o fortalecimento do vínculo emocional entre mãe e filho e a adequação da mãe à realidade.

Em qualquer uma das situações – puerpério "comum" ou com transtornos psiquiátricos –, o papel do psicólogo perinatal e da psicoterapia individual, de casal ou de família, em domicílio, no consultório, em ambulatórios hospitalares, em postos de saúde ou em hospitais psiquiátricos, faz-se imprescindível. O objetivo é aliviar a sobrecarga emocional e o sofrimento dessas mães que vivem um misto de culpa em relação a seus filhos, ao mesmo tempo que querem se livrar deles, "sumir".

Poder admitir que o puerpério realmente não é simples e fácil, que a ambivalência faz parte e "desatar" os nós da maternidade, identificando conflitos e fazendo o link com sua história de vida e características de personalidade, diminui os sintomas e os sofrimentos, bem como auxilia que a função materna "desabroche".

A relação com o bebê, tão atrapalhada e confusa, começa ficar mais clara, principalmente quando as mães identificam que sentimentos e traços seus, ou de objetos importantes (mãe, pai, avós), estão sendo projetados no filho, como será aprofundado no Capítulo 14.

REFERÊNCIAS

BADINTER, E. **Um amor conquistado**: o mito do amor materno. Rio de Janeiro: Nova Fronteira, 1985.

BYDLOWSKI, M. **La dette de vie:** itinéraire psychanalytique de la maternité. (A dívida da vida: itinerário psicanalítico da maternidade). Paris: Presses Universitaires de France, 1997.

BYDLOWSKI, M. **Je rêve un enfant.** (Eu sonho uma criança). Paris: Éditions Odile Jacob, 2000.

CRAMER, B.; PALACIO-ESPASA, F. **Técnicas psicoterápicas mãe/bebê.** Porto Alegre: Artes Média Editor, 1993.

DELASSUS, J. M. **Le sens de la maternité.** (O sentido da maternidade). Paris: Duno, 2002.

DELASSUS, J. M. **Tornar-se mãe:** o nascimento de um amor. Tradução de M. C. Franco. São Paulo: Edições Paulinas, 2003.

FRAIBERG, S.; ADELSON, E.; SHAPIROV. Fantasmas no quarto do bebê: uma abordagem psicanalítica dos problemas que entravam a relação mãe-bebê. **Publicação Ceapia**, Porto Alegre, v. VII, n. 7, p. 12-34, 1994.

FELICIANO, D. S.; SOUZA, A.S.L. Para além do seio materno: uma proposta de intervenção psicanalítica pais-bebê a partir das dificuldades na amamentação. **Jornal de Psicanálise**, São Paulo, v. 44, n. 81, 2011.

FRIZZO, G. B.; PICCININI, C. A. Depressão materna e interação triádica pai-mãe-bebê. **Psicologia:** Reflexão e Crítica, v. 20, n. 3, 2007. Disponível em: http:/www.scielo.br/scielo.php¿script+sci_attex&pid=S0103-79722007000300002. Acesso em: 25 nov. 2009.

GREEN, A. **Narcisismo de vida e narcisismo de muerte.** (Narcisismo de vida e narcisismo de morte). 2. ed. Buenos Aires: Amorrortu, 2012.

GUTMAN, L. **Puerperios y otras exploraciones del alma feminina.** (Puerpérios e outras explorações da alma feminina). Buenos Aires: Editorial del Nuevo Extremo, 2007.

JERUSALINKI, J. **Enquanto o futuro não vem:** a psicanálise na clínica interdisciplinar com bebês. Salvador: Ágalma, 2002.

JERUSALINSKI, J. **A criação da criança:** brincar, gozo e fala entre a mãe e o bebê. Salvador: Ágalma, 2014.

KLEIN, M.; RIVIÈRE, J. **Amor, ódio e reparação.** Rio de janeiro: Editora Imago; São Paulo: Ed. da Universidade de São Paulo, 1975.

LASNIK, M. C. **A hora e a vez do bebê.** São Paulo: Instituto Langage, 2013.

LIMA, J. L. Com que olhos se enxerga uma gestação? *In*: DEGANI, R. *et al*. **A analista grávida**. Porto Alegre: Artes e Ecos, 2020.

MALDONADO, M. T. **Psicologia da Gravidez**. 17. ed. São Paulo: Editora Saraiva, 2005.

MARQUES, C. Depressão materna e representações mentais. **Análise Psicológica**, Lisboa, v. 1, n. XXI, p. 85-94, 2003.

MORAES, M. H. **A clínica da maternidade:** os significados psicológicos da depressão pós-parto. 2010. Tese (Doutorado em Psicologia do desenvolvimento humano, saúde e comunidade) – Faculdade de Psicologia, Universidade Federal de Santa Catarina, Florianópolis, 2010.

MORAES, M. H. A clínica da depressão pós-parto. **Revista Mudanças**, São Bernardo do Campo, v. 19, n. 1-2, p. 61-67, jan./dez. 2011.

PALACIO-ESPASA, F.; CRAMER, B. **Técnicas Psicoterápicas mãe/Bebê**. Tradução de Francisco Franke Settineri. Porto Alegre: Editora Artes Médicas, 1993.

PARLATTO, E. **Os saberes do bebê**. São Paulo: Instituto Langage, 2020.

RAPHAEL-LEFF, J. **Gravidez**: a história interior. Porto Alegre: Editora Artes Médicas, 1997.

RENNÓ JR., J.; RIBEIRO, C. S.; RIBEIRO, H. L. Psicose Puerperal. *In*: VASCONCELOS, A. A. J.; TENG, C. T. **Psiquiatria Perinatal:** diagnóstico e tratamento. São Paulo: Editora Atheneu, 2010.

SOIFER, R. **Psicologia da gravidez, parto e puerpério**. Tradução de Ilka Valle de Carvalho. Porto Alegre: Editora Artes Médicas, 1984.

RUSCHI, G. E. C. *et al*. Aspectos epidemiológicos da depressão pós-parto em amostra brasileira. **Revista de Psiquiatria do Rio Grande do Sul**, Porto Alegre, v. 29, n. 3, set./dez. 2007.

WINNICOTT, D. W. **Textos selecionados**: da pediatria à psicanálise. Rio de Janeiro: Livraria Francisco Alves Editora, 1978.

CAPÍTULO 9

A PSICOLOGIA DA AMAMENTAÇÃO

Tal como outros fenômenos biológicos incluídos na Perinatalidade, a amamentação, em geral, é considerada um fenômeno natural e instintivo na mulher que teve um bebê. De fato, na realidade biológica, a menos que tenha alguma doença, toda a mulher tem um "aparato" fisiológico que propicia a amamentação. No entanto sabe-se que o aleitamento é um fenômeno psicossociocultural, influenciado por uma série de fatores e que não se reduz à "natureza" feminina (GOMEZ; MAIA, 2013).

Em termos amplos, a forma de encarar o aleitamento varia de acordo com o momento histórico e cultural, ou seja, a história da amamentação acompanha a da mulher e a evolução de seus papéis sociais. Como ilustração das diferenças culturais, trago as pesquisas citadas por de Langer (1981) as quais afirmam que, mesmo entre povos chamados de primitivos, havia, e talvez ainda haja, diferentes atitudes em relação ao aleitamento. Em alguns povos, as mulheres oferecem o seio em abundância e em outros não oferecem essa possibilidade às crianças resultando em condutas relevantes bastante diferentes em cada tribo. Naquelas em que o seio é oferecido, parece haver mais atitudes que denotam amor à vida e às pessoas. Nas que não oferecem o contato com o seio materno, o suicídio e o canibalismo são comuns. Evidentemente a amamentação ou a falta dela não podem ser vistas como causas únicas e lineares dessas condutas, mas esses dados chamam a atenção nas pesquisas realizadas.

Na Idade Média, em países europeus, era costume designar a amamentação a amas de leite. Depois, devido ao alto índice de mortalidade infantil e a outros motivos relacionados ao papel familiar das mulheres, no século XVIII, as mulheres retomaram a amamentação de seus filhos. No século XX, a amamentação passou a ser considerada um bem social compartilhado, eminentemente atribuído às mães. Nas décadas de 60 e 70 do século passado, as mulheres consolidaram a importância de seus papéis profissionais na sociedade, e, em paralelo, a alimentação artificial foi difundida e propagada pelas indústrias de leite em pó, mamadeiras e outros acessórios como sendo o que havia de melhor para a saúde do bebê. Lembro que nessas décadas era hábito nas famílias ter fotos dos bebês com todas as latas de leite consumidas nos dois primeiros anos dos filhos, que os pais faziam questão de guardar e exibir.

Na contemporaneidade, as mães vivem uma dicotomia: ao mesmo tempo que se preparam, desde a gestação, para amamentar e são socialmente levadas a isso devido a fortes campanhas em favor da amamentação, junto à sua função modificada com a necessária e bem-sucedida inserção no mercado de trabalho, muitas vezes, instauram-se dúvidas e incertezas quanto a dar conta das duas situações simultaneamente.

Nos últimos anos, além da filosofia e da ideologia de grupos naturalistas que promovem a amamentação exclusiva por no mínimo seis meses e, de preferência, até dois anos de idade sob livre demanda da criança,

> [...] ações governamentais e da Organização Mundial de Saúde (OMS) têm se mostrado contundentes no intuito de erradicar a mortalidade infantil [...] incentivando o aleitamento materno [...] desaprovando veementemente o oferecimento de água, chás e chupetas e [...] aconselha-se a oferecer o seio a qualquer manifestação de desconforto do bebê (FERRARI; CHERER; PICCININI, 2017, p. 2-9).

Muitas informações detalhadas sobre o processo biológico da amamentação estão disponíveis e são de fácil acesso na mídia. Criou-se uma nova indústria para auxiliar as mães, tais como bicos de silicone, sondas para alimentar a criança e, simultaneamente, estimular os seios que ainda produzem e ejetam pouco leite, mamadeiras com colherinhas de silicone para que a criança não se acostume com a facilidade do bico de borracha das mamadeiras, copinhos especiais, assim como várias formas e tipos de instrumentos para ordenhar o leite materno. Tudo em nome de garantir a amamentação natural. Porém, as imagens difundidas, idealizando e evidenciando certa facilidade e naturalidade, nem sempre são verdadeiras.

O que se percebe, na realidade das mães atuais, é que algumas passam por todos os procedimentos existentes na busca da tão esperada e conclamada amamentação. Algumas triunfam sozinhas, ou com a ajuda de outras mulheres experientes, enfermeiras, doulas e/ou consultoras de amamentação. Outras desistem e se rendem às fórmulas e ficam tranquilas; outras, ainda, sentem muita culpa por não amamentar.

Segundo Feliciano e Souza (2011), os profissionais de saúde mental reconhecem a riqueza que o encontro propiciado pela amamentação pode oferecer para o desenvolvimento psíquico da criança, assim como a facilitação para um vínculo de intimidade e satisfação mútua. Por outro lado, os episódios de desencontro e sofrimento que algumas dinâmicas estabelecem podem complicar, sobremaneira, a relação mãe-bebê, instalando um clima de tensão familiar com grande sofrimento para todos.

Se a possibilidade biológica materna e a "pega" correta do bebê não se mostram suficientes para facilitar o processo, muitas vezes, ansiogênico da amamentação, evidencia-se novamente a probabilidade de existência de significados emocionais particulares e do funcionamento psíquico absolutamente individual para cada mulher. Calma, confiança e tranquilidade favorecem um bom aleitamento. Ao contrário, medo, depressão, ansiedade tendem a provocar dificuldades e "sacrifícios".

Portanto, os transtornos da amamentação e o desmame precoce podem ser entendidos como sintomas decorrentes de um conjunto de fatores intrínsecos à mãe, a seu bebê, ao pai e seu entorno. Nesse sentido, segundo Feliciano e Souza (2011), a possibilidade de amamentar vai muito além das campanhas de informação e conscientização sobre o valor do aleitamento materno. Nas palavras de Maldonado (2005, p. 102), "quando a mãe escolhe a maneira em que vai alimentar seu bebê, expressa, nessa decisão, influências do seu estilo de vida, de sua história pessoal, de sua personalidade e da sociedade em que vive".

Psicanaliticamente, o seio é visto como sinônimo de mãe (VIDELA, 1993); e a amamentação, uma das principais formas de interação e integração corpo-psique, tanto para mãe como para o bebê, um espaço transicional, entre a indiferenciação e a separação mãe-bebê. Alguns outros autores creditam a essa relação o protótipo dos modelos de relações futuras do sujeito. Esse primeiro vínculo mãe-bebê tem sua importância evidenciada como proporcionando continuidade entre a vida intra e extrauterina; o seio como substituto simbólico do cordão umbilical e da placenta.

Como o bebê se relaciona primeiramente por meio do seu corpo, ao ser amamentado, é como se retornasse ao corpo materno, mediante o contato epidérmico e a transmissão recíproca de afeto pelo olhar e movimentos rítmicos, o que lhe proporciona segurança e certa onipotência subjetivante. A amamentação vai se tornando cena fundante do sujeito, uma vez que cria um ponto de confluência entre o desenvolvimento do corpo e da estruturação subjetiva por meio do vínculo que se estabelece, aliviando o possível trauma de separação no nascimento, como explicitado no Capítulo 2.

Já para a mãe, a entrega a seu filho mediante a amamentação pode determinar alívio da ansiedade de separação do filho que estava na barriga; a mãe começa o vínculo com seu bebê real e se gratifica com o desenvolvimento saudável da criança, que pode fazê-la sentir-se narcisicamente competente e gratificada. Para a mulher, além de benefícios orgânicos, como a volta do útero ao tamanho normal – resultado da estimulação hormonal envolvida na amamentação –, e dos benefícios econômicos, de ter a alimentação do bebê sempre disponível, o amamentar vai se tornando quase um sinônimo de maternagem, dedicação materna no momento fundamental à sobrevivência do bebê totalmente dependente. Ainda, por intermédio do filho, pode restaurar sua satisfação oral frustrada, ou não, de quando ela mesma era um bebê (MALDONADO, 2005).

Lembrando que a experiência da amamentação ocorre num momento em que a mãe está regredida devido ao processo da "transparência psíquica" (BYDLOWSKI, 2000). Entre intensas vivências psicológicas e corporais, pode-se relacionar os processos primários de subjetivação do bebê e os processos psíquicos vividos pela mulher após o parto. Portanto, pode-se afirmar que o processo da amamentação é um período de repercussões e efeitos estruturantes no psiquismo infantil e materno.

No capítulo anterior, descrevi os conceitos de "loucura materna" inerente ao *baby-blues* e à "preocupação materna primária", condições de regressão necessárias à própria gestação, ao parto e à relação primeira com a criança, para que haja a possibilidade de comunicação e identificação das necessidades do bebê. Segundo Maldonado (2005), é exatamente pela oportunidade desse maior envolvimento e aprofundamento afetivo que a amamentação pode ser vivenciada como difícil e assustadora por várias mulheres. Algumas mulheres, por exemplo, têm medo do prazer erógeno ao amamentar que podem despertar fantasias e receios incestuosos.

Pesquisas atuais e tratamentos psicanalíticos de mulheres revelam que essa dificuldade e verdadeiros desencontros acontecem por condições psíquicas da mulher, como pude comprovar na minha prática psicoterapêutica, ou por características especiais dos bebês, tais como síndromes, deficiências ou dificuldades neuromotoras.

De forma mais consciente, a vaidade em relação ao corpo, em especial ao seio, e o desejo intenso de voltar ao trabalho – "não ficar para trás no mercado profissional" – podem impedir o aleitamento. Esses e outros motivos podem estar encobrindo outras possíveis razões inconscientes para os problemas na amamentação decorrentes de fantasias e conflitos, tais como:

- transtornos causados pela rejeição, consciente ou inconsciente, da maternidade pelo desejo de permanecer filha, perpetuando uma atitude receptiva e infantil;

- transtornos decorrentes de tendências agressivas infantis dirigidas à própria mãe, decorrentes de frustrações e não gratificações orais;

- inveja da criança em função de ter o que não teve, negando-se inconscientemente a amamentar, identificadas com a "mãe má";

- se a mulher foi um bebê muito voraz, pode temer retaliação (de seu superego) e ser "devorada" e consumida por seu bebê, no qual projeta sua própria oralidade agressiva (LANGER, 1981);

- pelo medo de se sentir "presa" e mudar substancialmente seu estilo de vida por causa da amamentação, a mulher pode expressar temor de se ligar intensamente ao bebê, de fusão e perda da própria identidade;

- temores em relação ao leite fraco ou forte demais, que imaginam causar cólicas e refluxo, podem refletir sentimentos de inadequação em relação à maternidade;

- a dissociação repressiva de maternidade e sexualidade pode também causar transtornos na amamentação se a mulher se dá conta do prazer (para ela proibido) que o amamentar lhe proporciona (MALDONADO, 2005).

Para se defender de culpas inconscientes subjacentes a qualquer dessas razões e outras tantas provenientes da história relacional da lactante com sua própria mãe, podem surgir sintomas psicossomáticos, como ingurgitamento das mamas que dificultam a pega do bebê, mastites e fissuras que a fazem aleitar com muita dor – como "castigo" por suas fantasias ou não desejo consciente de amamentar, ou como justificativa para "ter" que evitar o aleitamento, ou ainda para repetir o que a própria mãe passou com ela.

A mulher pode permitir tempo exagerado de sucção, não colocar o bebê em posição correta, ou não tratar a tempo uma lesão inicial nos mamilos. A essas condutas, Maldonado (2005) denomina "mecanismos mecânicos sabotadores inconscientes" Evidentemente, esses problemas não podem ser interpretados da mesma forma, pois muitas mulheres apoiadas e bem orientadas superam essa crise e confusão iniciais e seguem amamentando com facilidade e prazer. Do meu ponto de vista, nesses casos o aleitamento ocorre devido à transferência positiva das mulheres em relação a enfermeiras, doulas e psicoterapeutas, por quem se sentem maternadas e autorizadas a viver sua maternidade com plenitude.

Na minha prática clínica, quando as mães entendem seus temores e suas repetições inconscientes, podem decidir com mais tranquilidade e clareza como querem alimentar seu filho. Há mulheres "obedientes" que amamentam os filhos com relativa facilidade, mas o fazem de forma fria e distante, assim como outras que usam a mamadeira o fazem de forma acolhedora e amorosa. O que é preferível?

Videla (1993) aponta que o relevante é o desejo da mulher. Winnicott (2002, p. 23) afirma que "nos casos em que a mãe tem dificuldade de amamentar, será um erro tentar forçar uma situação que deve, até certo ponto, fracassar, podendo até mesmo se transformar num desastre".

Esses fatores emocionais são muitas vezes desconhecidos e ignorados por profissionais da saúde que, na ânsia de obedecer aos protocolos institucionais, podem, inclusive, prejudicar o andamento e o *timing* do processo que poderia ser natural. Há situações, como eu mesma já testemunhei, em que as profissionais encarregadas de "ensinar" as mães a amamentar demonstram raiva explícita, criando teorias e julgando a mãe como "dengosa", "preguiçosa", ou que não gosta ou não deve ter planejado o bebê.

Num dos estágios voluntários que realizei em uma maternidade, sensíveis enfermeiras me pediram para conversar com uma das puérperas, pois perceberam que ela tinha "tudo para amamentar", mas o leite não "descia", estando ela há dois dias pronta para alta, a não ser pelo fato de ainda não ter começado o aleitamento. Encontrei-me com essa mulher em uma reunião de puérperas com a enfermeira, em que ela falava da importância e das vantagens da amamentação natural, do risco de doenças e até de morte se o bebê não recebe os anticorpos do leite materno. A referida paciente sacudia sua filha adormecida ansiosamente, andando de um lado para outro no fundo da sala.

Ao final da reunião, fui até o quarto dessa mãe, e começamos a conversar. Quando conversei com a mãe, ela então conseguiu se dar conta de que estava muito ansiosa, o que prejudicava o aleitamento, deixando-a mais ansiosa. Resumindo: antes de dar à luz a essa menina, a mãe teve outro filho, cujo parto tinha sido muito difícil. Quando terminou, perguntaram se queria amamentar naquele momento, e ela pediu que fosse mais tarde, pois estava muito cansada. O problema é que seu filho faleceu logo depois, o que a fez se sentir muito culpada. Quanto mais ansiava pelo leite, menos ele aparecia para essa menina. Também pensei que talvez imaginasse que, quanto mais tempo ficasse na maternidade, menos risco sua filha correria. Felizmente, sentiu-se aliviada de compreender o que se passava, e o leite fluiu para sua filha.

Já ouvi uma puérpera verbalizar durante a psicoterapia que tinha salvado seu filho por não o amamentar, pois ela se sentia tão ruim que temia envenená-lo com seu leite. Esses e outros exemplos podem esclarecer as diferenças subjetivas nos transtornos de amamentação.

Além de razões conscientes e inconscientes, as atitudes do meio ao redor da mulher também têm relevância na facilidade, ou dificuldade, da amamentação. Expectativas familiares, "opiniões" não solicitadas de outras mulheres, incluindo mãe e sogra, muitas vezes prejudicam a espontaneidade do processo do aleitamento.

Winnicott e outros autores abordam a necessidade de a mulher se sentir apoiada por seu marido ou companheiro, não só como pai da criança, mas como parceiro. Isso pode estimular sua confiança na "missão paterna" não tão simples, proporcionando privacidade e descanso, entendendo a importância desses primeiros meses de simbiose entre mãe e filho, mesmo que às vezes possa se sentir excluído, respeitando o tempo da dupla mãe-bebê, observando suas reações, compartilhando os cuidados com o bebê.

Atualmente, os homens estão muito mais envolvidos desde a gestação, construindo o vínculo com o bebê, participando das consultas e dos exames pré-natais, conversando com o bebê ainda na barriga, assistindo ao parto. Na clínica, porém, observei que, em alguns casos que tive a oportunidade de atender, havia discordâncias importantes entre o casal quando se tratava da amamentação.

Alguns casais, inclusive, chegaram à separação por razões diferentes, como ciúme exagerado do marido, não abrindo espaço para o bebê e para a amamentação ou, ao contrário, por constantes acusações e desqualificações da mulher em relação à sua indisponibilidade para amamentar. Num desses casos, a história do pai explicava a projeção na esposa da mãe dele que o tinha abandonado; ela não amamentou – fazendo-o passar fome – e, aos seis meses, doou-o para sua avó. Mesmo seu filho estando superalimentado, com refluxo por excesso de ingestão de leite, o pai não conseguia perceber isso, limitando-se a acusar a esposa de mãe má e negligente. Assim, tanto mulheres quanto homens estão sujeitos à regressão psíquica quando têm filhos, revivendo suas histórias por intermédio dos filhos.

Também, em algumas situações, tornam-se perceptíveis os conflitos com avós. Algumas mulheres competem com suas filhas ou noras, invejam suas possibilidades criativas, quando, coincidentemente, estão em decadência reprodutiva em função da transformação hormonal da menopausa e outras tantas situações que as distanciam. A competição transparece por meio de críticas e desqualificações das mães recém-nascidas. O inverso também ocorre, quando as recém-mães projetam suas mães más nas sogras, cunhadas ou outras figuras femininas.

Certa vez assisti a uma mãe adotiva e amorosa sugerir à sua filha, que tinha tido um bebê, que desse seu filho para uma amiga amamentar já que ela não estava conseguindo. Era o primeiro dia de vida do bebê. A filha se posicionou dizendo que era natural e esperaria, pois ela queria amamentar. Não pude deixar de perceber a preocupação da avó com o neto que ainda não havia se alimentado naquele dia, mas pensei na possibilidade de essa avó estar com inveja inconsciente, pois sua filha poderia fazer algo que ela não pôde. Felizmente, com os recursos de hoje, mesmo mães adotivas podem satisfazer seu imenso desejo de amamentar, o que confirma a influência e o peso do desejo materno na amamentação.

Da mesma forma que se constata entrega e desejo materno facilitando a amamentação, ou conflitos emocionais levando a transtornos e somatizações, dificultando o aleitamento, o <u>desmame</u> também é vivenciado de forma subjetiva, de acordo com a história constitutiva dos pais e reatualizados no contexto da amamentação e do desmame. O desmame pode ocorrer de forma precoce devido a dificuldades de todas as ordens: econômica (quando a mãe precisa trabalhar pouco tempo após o nascimento do filho); familiar (quando não há tradição de aleitamento na família e a mulher se submete ao mandato transgeracional); conjugal (quando os homens colocam impeditivos por ciúme ou outras situações); psicológicos (quando a mulher entra em ansiedade por significados subjetivos já citados).

A menos que a mulher se sinta, absoluta e racionalmente, justificada, seja qual for a razão do desmame precoce, há quase sempre sentimento de culpa envolvido. E, quando a amamentação se estabelece como parte integrante da relação prazerosa mãe-bebê, mãe e filho podem sentir o desmame como perda. Algumas mulheres precisam de ajuda para conseguir vivenciar essa separação "obrigatória".

Essa separação pode ser vivida de forma mais gradual e menos traumática, quando mãe e bebê se preparam para isso (MALDONADO, 2005). Separação essa, bastante importante para o desenvolvimento do bebê, tendo como significado uma castração simbólica renunciando à posse do corpo da mãe e para a mãe, renunciando a seu filho como falo. Trata-se de uma separação e limitação organizadora para a independência e individuação, fim necessário do período simbiótico (FERRARI; CHERER; PICCININI, 2017).

SITUAÇÕES ESPECIAIS NA AMAMENTAÇÃO

1. Amamentação na Depressão Pós-Parto

As mães deprimidas podem amamentar, mas esse processo apresenta algumas características específicas, tais como: investir menos tempo olhando, tocando e falando com seus bebês, apresentando mais expressões negativas que positivas, sendo menos espontâneas, menos responsivas. Ou, ao contrário, apresentando comportamentos intrusivos, sem reconhecer os ritmos e as necessidades do bebê (FRIZZO; PICCININI, 2007). Mães deprimidas costumam amamentar com menos frequência, interrompem a amamentação mais cedo e percebem-se menos confiantes quanto à sua capacidade de amamentar (VITOLO et al., 2007).

Em relação ao bebê, pesquisas demonstram que o aleitamento materno pode proteger o bebê do impacto negativo diante da DPP, favorecendo a relação afetiva (DOSSIER de L'ALLAITEMENT, n. 74). Outra possibilidade é o bebê tentar assumir o papel de animador da mãe, tentando trazê-la de volta à vida (STERN, 1991). Se não consegue, volta-se para outros objetos, como o pai. Caso não encontre outro objeto, pode começar a apresentar sintomas depressivos, anorexia, vômitos e outros sintomas, como distúrbio do sono ou doenças de repetição.

Múltiplos, diversos, subjetivos e inesgotáveis são os significados psicológicos da amamentação na DPP, como comprovam os tratamentos psicoterápicos de mulheres por ela acometidas por esse transtorno:

1- amamentação como fator de prevenção da DPP pelo poder reparador;

2- amamentação oferecida como elemento compensador por forte ambivalência ou ódio explícito em relação ao bebê;

3- desqualificação do leite como simbolismo da própria desqualificação e baixa autoestima;

4- dificuldades de amamentar por falta de disponibilidade afetiva, falta de investimento libidinal;

5- amamentação sentida como submissão a um bebê exigente e voraz (projeção das exigências de seu superego ou mãe rígida);

6- dificuldades de amamentar por inveja, porque não foi amamentada;

7- negativa de amamentar por raiva da criança, medo de ser engolida, usada, abusada por projeção da própria voracidade;

8- inversão da dependência: mãe superestimula a amamentação como forma de usufruir projetivamente da dependência do bebê;

9- amamentação como prazer erótico proibido;

10- Transgeracionalidade: "Na nossa família ninguém consegue amamentar" ou "Se não conseguir amamentar, pede ajuda da prima". Boicotes das avós à amamentação, mediante a oferta de chás, desqualificação do leite: "esta criança ainda está com fome, será que tem leite suficiente?"

2. Filhos com problemas

Mesmo quando a mãe está disponível e bem equipada para oferecer o seio ao bebê, algumas crianças apresentam características que dificultam a amamentação. É o caso de crianças com traços autistas, que se recusam a sugar, que se mostram lentos, fracos ou inertes em decorrência de distúrbios fisiológicos ou neurológicos.

Também bebês demasiadamente agitados, de difícil manejo, "inconsoláveis", acabam trazendo insegurança e impotência às mães que acabam amamentando seus filhos mais escassamente, ou com muita insistência, o que não colabora para o sucesso da dupla. Crianças com características como essas requerem que as mães tenham mais paciência e disponibilidade e encontrem maneiras de aproximar-se e minimizar os estados emocionais do filho.

Dependendo das condições psíquicas da mãe para lidar com esses bebês "difíceis" e do vínculo que se estabelece, a dupla precisa ser pensada e respeitada como tal. Assim, considerando a diversidade de fatores psíquicos, inexperiência dos pais e características do bebê, Feliciano e Souza (2011) recomendam uma ação multidisciplinar, incluindo psicoterapeutas (e eu especificaria, perinatais) e pediatras, que pode contribuir para um vínculo prazeroso com amamentação ou não.

Como venho enfatizando, há várias formas do bebê se sentir amado e importante. Como Winnicott (2002), acredito que a amamentação é uma oportunidade única na vida de mães e bebês, mas, se ela não for possível, o carinho, o colo, o olhar, a voz e a inclusão do bebê no espaço psíquico dos pais já garantem o respeito à subjetividade do bebê. E, conforme as ideias de Szejer (1997), não há circunstância entre mãe e filho que não possa ser posta em palavras para que o bebê compreenda.

REFERÊNCIAS

BYDLOWSKI, M. **Je rêve um enfant.** (Eu sonho uma criança). Paris: Éditions Odile Jacob, 2000.

FELICIANO, D. S.; SOUZA, A. S. L. Para além do seio materno: uma proposta de intervenção psicanalítica pais-bebê a partir das dificuldades na amamentação. **Jornal de Psicanálise**, São Paulo, v. 44, n. 81, 2011.

FERRARI, A. G.; CHERER, E. Q.; PICCININI, C.A. Aspectos subjetivos da amamentação e desmame: evidências e, três casos. **Revista Psicologia:** Teoria e Pesquisa, Brasília, v. 33, 2017.

FRIZZO, G. B.; PICCIINI, C. A. Depressão materna e interação triádica pai-mãe-bebê. **Psicologia:** Reflexão e Crítica, v. 20, n. 3, 2007. Disponível em: http://www.scielo.br/scielo.php¿script+sci_attex&pid=S0103-79722007000300002. Acesso em: 25 nov. 2009.

GOMEZ, M.; MAIA, M. S. Amamentação: contextualização histórica e processos de subjetivação. *In*: MARIN, I. K.; ARAGÃO, R. O. **Do que fala o corpo do bebê.** São Paulo: Editora Escuta, 2013.

LANGER, M. **Maternidade e Sexo.** Porto Alegre: Editora Artes Médicas, 1981.

MALDONADO, M. T. **Psicologia da Gravidez.** 17. ed. São Paulo: Editora Saraiva, 2005.

STERN, D. **O diário de um bebê.** Porto Alegre: Editora Artes Médicas, 1991.

SZEJER, M. **Nove meses na vida de uma mulher:** uma abordagem psicanalítica da gravidez e do nascimento. São Paulo: Casa do Psicólogo, 1997.

VIDELA, M. **Parir y nacer en el hospital.** (Parir e nascer no hospital). Buenos Aires: Ediciones Nueva Visión, 1993.

VITOLO, M. R. *et al.* Depressão e suas implicações no aleitamento materno. **Revista de Psiquiatria do Rio Grande do Sul,** Porto Alegre, v. 29, n 1. jan./abr. 2007.

WINNICOTT, D. W. **Os bebês e suas mães.** Tradução de Jeferson Luiz Camargo. São Paulo: Livraria Martins Fontes Editora, 2002.

CAPÍTULO 10

PERDAS PERINATAIS – O BERÇO VAZIO

Dentre as vicissitudes do período perinatal, sem dúvida alguma, as perdas de fetos e bebês são as mais insólitas e difíceis de enfrentar, tanto para os pais quanto para as equipes que os assistem, pois contrariam a "ordem natural" do ciclo vital, manifestando a implicação paradoxal entre vida e morte na mesma situação.

O Ministério da Saúde (2010) conceitua como óbito fetal a morte do feto a partir das 20-22 semanas de gravidez, antes da sua expulsão ou extração, sendo o óbito considerado precoce entre 20 e 28 semanas e tardio após as 28 semanas completas de gestação. Antes das 20 semanas, a morte do feto é considerada aborto.

As perdas perinatais podem ocorrer de várias formas: 1) aborto provocado; 2) aborto espontâneo; 3) morte anunciada por malformação ou deficiências congênitas; 4) procedimentos de Reprodução Assistida malsucedidos; 5) prematuridade extrema; 6) morte do feto por dificuldades, como líquido amniótico reduzido, insuficiência placentária, complicações uterinas, doenças maternas, entre outras; 7) morte do bebê intraparto; 8) morte do bebê algumas horas ou dias após o parto por motivos diversos, definidos ou não.

Ainda que a ambivalência seja um sentimento sempre presente em qualquer gravidez, quando grande parte das mulheres se percebe grávida, acaba desenvolvendo expectativas de continuidade da vida e da gratificação narcísica, começando a investir emocionalmente nesse novo ser dentro de si. Segundo Iaconelli (2007), a mulher grávida pode se sentir frágil e ansiosa e, por outro lado, plena e poderosa. A perda do bebê pode desencadear um trauma, que requer intenso trabalho psíquico.

Além disso, quando ocorre a morte de um filho, em estado embrionário ou fetal, toda a estrutura familiar é afetada (DEFEY et al., 1997), podendo haver afastamentos, mudanças de papéis e/ou outras disfuncionalidades familiares. Perde-se a continuidade e a descendência, um projeto de vida, os ideais parentais, a possibilidade de retribuir a vida que recebeu, pagar uma "dívida de vida" (BYDLOWSKI, 1997), além da verificação da maturidade sexual.

A interrupção da vida do bebê traz consigo sentimentos absolutamente variáveis, intensos e com significados muito diferentes para cada mulher e/ou casal. Exemplos observados na minha prática clínica atestam que as perdas podem ser interpretadas pelas mães como castigo pela sexualidade (castração), por ter rompido relações com a família, por não ter aceitado a gravidez no início, por ter esperado demais para engravidar, por ter engravidado contra a vontade do companheiro, por ter tido uma relação de ódio com a própria mãe e outras tantas situações possíveis.

PERDAS DURANTE A GRAVIDEZ

O óbito fetal é vivido como se fosse um não filho, um nada. Não há lembranças, o vínculo com o filho ficou em um estado embrionário, as pessoas da família também não desenvolveram uma relação com a criança, o que pode dificultar o entendimento de familiares, amigos e equipe de saúde de que, para os pais, esse filho era real (DEFEY et al., 1997).

Desde o início da gravidez, os pais começam a projetar características nessa criança, iniciando com ela um vínculo imaginário. Quando o bebê morre, a mãe, principalmente, tem um duplo luto: o vazio interno e o externo. Morre um pouco dela, sendo difícil seguir sentindo-se viva como mulher e como mãe. Surgem dúvidas sobre a identidade e a capacidade maternas e uma sensação de menos valia social.

Na medida em que a identidade da mulher está culturalmente associada à maternidade, na perda fetal, estabelece-se uma ferida narcisista, pois a morte do filho é vivida como fracasso. Quem morreu? O bebê ou a mãe em sua autoestima? "Por que eu não fui capaz de sustentar a vida do bebê?"; "Qual a minha falha?" – questionamentos levantados por pacientes que acompanhei.

Diante da notícia, durante um ultrassom ou percepção da falta de movimentos do bebê, diversas podem ser as reações: resistência a confirmar que precisa "tirar" o bebê, medo de encarar o morto e suas características desconhecidas, resistência a separar-se dele. Outras mulheres hão de querer se "livrar" dele, relacionando-o a objetos mortíferos que podem causar a destruição do seu corpo.

Todas essas reações estão relacionadas ao impacto da notícia e ao significado atribuído a essa perda. Algumas mulheres vivenciam essa morte como uma amputação de parte de si mesma. Outras sentem que restou algo morto dentro de si e temem, ou desejam, morrer também. Outras, ainda, podem ter reações muito subjetivas, tais como ficar em silêncio, desesperar-se, gritar, não querer ver ou pegar o bebê, buscando um responsável pela perda, penitenciando-se etc.

Da mesma forma, mulheres em processo de Reprodução Assistida passam por um luto e por uma sensação de fracasso, tendo que recomeçar todo o processo para tentar realizar o sonho da parentalidade.

PERDAS INTRAPARTO

As perdas durante o processo do parto se caracterizam, em geral, pelo trauma, já que sempre implicam fatores imprevisíveis, como mudanças fisiológicas importantes (hipertensão, por exemplo), manifestações de doenças não detectadas ou não controladas, como a eclampsia e a Síndrome de Hellp, situações inusitadas com o bebê, bem como intervenções médicas não apropriadas por motivos diversos.

Além da situação traumática em si, os pais tem que lidar com a perda do bebê. Em minha pesquisa de mestrado, presenciei uma situação muito marcante, em que o bebê morreu durante o parto, e a paciente ainda perdeu seu útero, desencadeando um clima de desespero, incredulidade e luto nos familiares e em toda a equipe.

Algumas mães já têm conhecimento prévio da inviabilidade de vida de seus bebês após o nascimento, tendo, inclusive, a possibilidade de interromper a gravidez no momento dessa notícia. Optando ou não pela interrupção, o processo de luto também acontece de forma subjetiva, como todos os fenômenos da parentalidade. Uma paciente que atendi decidiu permanecer com o bebê *"pelo tempo que ele quiser e puder"* (sic), e isso foi ressignificado na psicoterapia, resultando em um efeito muito terapêutico em sua vida, mesmo tendo perdido seu bebê anencéfalo.

Outras mulheres, no entanto, são pegas de surpresa por problemas detectados no bebê ou, algumas vezes, ficam "perdidas", sem entender muito o que se passou, sem ser-lhes dado tempo para decidir conscientemente. Assim, a morte de um bebê durante o parto, ou o parto de um bebê que já morreu, é muito dolorosa psiquicamente.

Defey *et al.* (1997) relatam sensação de desamparo, confusão e impotência dos pais. O parto passa a ser vivido como sem sentido. Muitas vezes a dor física é mais intensa, amalgamada com a dor psíquica. Além disso, as mulheres podem sentir seu próprio corpo como mortífero, um lugar gerador de morte. Uma paciente verbalizou: *"Ele estava na minha barriga e a minha barriga não foi capaz de manter ele vivo"*.

Após constatar a morte do bebê, o trabalho de parto, às vezes induzido, às vezes espontâneo, passa a não ter sentido e costuma ser muito dolorido emocionalmente, com sentimentos de desespero e terror. Algumas mulheres manifestam medo de danificação dos órgãos internos e incerteza quanto à capacidade de reprodução posterior. A perda perinatal é um fenômeno complexo, uma experiência marcada por dor e ausência de uma figura pela qual chorar.

Como acompanhei mães nas mais diversas circunstâncias, não tenho como dizer que momento ou qual forma de perda pode ser mais difícil. Como tem sido salientado no decorrer deste livro, as reações são muito singulares, embora a dor seja o ponto comum. Mesmo quando a mulher decide conscientemente provocar a interrupção da gravidez pelos mais diversos motivos, a vivência do luto é inevitável. Uma mãe que resolveu interromper a gravidez de um terceiro filho por dificuldades no casamento e decisão de se separar do marido parecia bastante decidida e racional antes de realizar o abortamento, porém sofreu muito e chorou por longo tempo após o fato ter ocorrido. Lembrava-se, em seu estado de sedação, de ter ouvido o barulho de uma descarga de banheiro, o que a fez pensar que esse tinha sido o destino de seu filho, trazendo-lhe muita culpa e arrependimento.

A seguir, selecionei algumas frases de pacientes que haviam perdido seus bebês, que demonstram a singularidade e variedade de reações:

> *Eu era o bebê que devia ter morrido!* [Referindo-se ao fato de ter sempre se sentido rejeitada].

> *Não quero mais engravidar nem adotar. Já tenho 42 anos e já tive a experiência de ter minha filha aqui dentro de mim.*

> *Eu sempre soube que ela era inviável, mas tinha esperança de que nascesse viva e que ficasse um pouco comigo. Por isso, já tinha escolhido as roupinhas do Natal e Réveillon!* [O bebê morreu em novembro].

> *Eu sabia que minha filha não ia viver, mas resolvi manter a gravidez mesmo assim, porque enquanto ela estivesse aqui dentro, estaria viva.* [Mãe de bebê anencéfalo].

> *É uma dor absurda! Não ter uma razão, um motivo, mostra que a gente fez tudo certo, mas ao mesmo tempo fica a pergunta: Por quê?*
>
> *Eu só posso pensar que foi Deus que quis assim! Que Deus precisou dele no céu!*
>
> *Arrancaram ele de mim!*

Em todos os tipos de perda, o luto está sempre presente, sendo sua elaboração difícil e necessária. O luto é uma resposta, um processo emocional a uma perda significativa. Desencadeado por um desequilíbrio psíquico, requer ativação de novas defesas para "assimilar a presença de uma ausência" (DEFEY *et al.*, 1997, p. 20). Pode-se constituir em uma dor intensa que invade os sobreviventes, que só se atenua muito lentamente e se manifesta por meio de uma série de componentes cognitivos, emocionais e comportamentais (WORDEN, 1991).

As manifestações sintomáticas do luto podem ser somáticas: taquicardia, tremores, dores de cabeça e no corpo, cansaço, insônia, falta de apetite, entre outros. As reações emocionais implicam aspectos conscientes e inconscientes e envolvem: dor e tristeza, falta de interesse no mundo externo, conflitos interpessoais, culpa, raiva, desamparo, desespero, vergonha, solidão, pesadelos, irritabilidade, inquietação, introversão, choro e perda de motivação para atividades cotidianas.

O luto pode acontecer de forma esperada, também chamada "normal", conforme as possibilidades egoicas de integração da perda, percorrendo uma trajetória que vai do impacto dramático no momento da notícia, passando por etapas de negação, choque (aturdimento sem possibilidade de simbolização), barganha (promessas), resignação e, por fim, aceitação num período médio de até 24 meses (WORDEN, 1991). Defey *et al.* (1997) acrescentam, dentre as fases citadas, uma de raiva e outra de depressão antes da aceitação. Essas fases não seguem uma ordem fixa e podem se repetir durante o processo do luto.

No período perinatal, a mulher, em especial, tem que lidar com perdas que são esperadas mesmo se a gravidez transcorre normalmente, como o vazio da barriga pela separação corporal do bebê. Até o momento do parto, o feto fazia parte do corpo da mãe, e depois dele a mulher tem que lidar com um corpo que não parece o seu, devido ao ventre flácido e vazio, sutura de episiotomia ou cesárea.

Além disso, a mulher, que costuma ser o centro das atenções, fica em segundo plano, pois a tendência é que as pessoas se identifiquem e se preocupem com o bebê. O pai normalmente fica esquecido. A diferença, porém, é que, quando o bebê se faz presente em sua materialidade viva, a mãe pode compensar essas perdas com os cuidados corporais e psicológicos que constituem a vinculação com o bebê (SOIFER, 1984). Porém, quando ele morre, não há essa possibilidade de compensação e gratificação, mediante o vínculo com o bebê real. Fica só o vazio no berço, no quartinho do bebê, e de vazio é o sentimento da mãe e do pai.

LUTO PATOLÓGICO

Em qualquer das circunstâncias citadas de perda do bebê, pode acontecer que alguma das fases esperadas no processo do luto se prolongue e/ou que se intensifiquem os sintomas descritos, e os pais (mãe e/ou pai) apresentem ideias ou condutas autodestrutivas, dificuldades em continuar a vida no que se refere a trabalho, estudos e relações interpessoais. Também podem ocorrer ansiedade exacerbada, depressão e manifestações de estresse pós-traumático, caracterizando um luto patológico de difícil resolução.

Além da valoração afetiva, consciente ou inconscientemente, atribuída ao objeto perdido (FREUD, 1914), os fatores que podem determinar o desenvolvimento do luto patológico são:

- fatores psicológicos: a personalidade dos pais, capacidade de estabelecer vínculos, vivência de lutos anteriores em outras perdas sofridas, tentativa de suicídio durante a gravidez;
- história familiar: existência ou não de mitos familiares sobre a morte de bebês;
- rejeição inicial da gestação;
- circunstância em que ocorreu a perda: de forma repentina ou anunciada;
- história de outras perdas perinatais;
- momento do ciclo vital: idade da mulher (com maior risco na adolescência e gravidez tardia);
- falta de apoio conjugal e familiar.

Após o nascimento, os pais, em geral, ficam em dúvida sobre ver, tocar o filho morto ou não, têm medo de uma imagem terrorífica.

> O poder ver e tocar o filho permite à mãe situar-se como alguém que perdeu um filho real e ver o filho morto como um bebê inofensivo pelo qual sente dor, mas também amor. Já não é um fantasma, é um filho e percebê-lo como tal será fundamental (DEFEY et al., 1997, p. 53).

Não ver o bebê leva aos pais a terem necessidade de saber como era, que se junta à curiosidade natural de conhecer as causas da morte, bem como a busca por culpados.

Ainda segundo Defey et al. (1997), a morte fetal é uma ferida narcísica, pois a mãe pode sentir a perda do filho como um fracasso que afeta sua imagem como mulher. Dependendo da história psíquica da mulher, esse acontecimento inesperado e irreversível confirma incapacidades autoatribuídas e/ou denunciadas pelos familiares. Uma paciente, por exemplo, sempre ouviu que não conseguiria nada na vida exatamente por ser mulher. Única filha mulher entre cinco irmãos, nunca se sentiu valorizada como tal. Tentou engravidar naturalmente por quatro anos. Quando perdeu seu bebê, após 10 semanas de uma fertilização *in vitro*, entrou em depressão, pois sentia o não filho como a prova da profecia familiar.

Freud, em *Luto e Melancolia* (1914), diz que o luto requer um trabalho psíquico, em que a passagem do tempo seria um consolo, mas não uma solução. Como principal tarefa do luto, estaria a retirada da libido do objeto (bebê) para o próprio ego. A mãe e o pai voltando-se para si para trabalharem a perda da gravidez, das fantasias em relação ao filho perdido, do papel identitário de pais, do inesperado suscitado pela morte no lugar da vida. O vínculo já existente com a criança não pode se concretizar. A ausência é profundamente sentida, e pode ficar uma imensa sensação de vazio ou de que o bebê nunca existiu.

Em minha experiência clínica, testemunhei a necessidade de momentos de transição em que uma mãe em luto, antes da aceitação da morte do bebê, simbolizava o nascimento de uma flor que nasceu no canteiro próximo à janela de seu quarto como uma "mensagem" do bebê perdido para alegrá-la, ou para comunicar que estava bem. Até que a planta deixou de florescer, sendo interpretado pela mãe que ela podia deixá-lo ir.

Muito importante é a forma como se comunica a morte do bebê. O profissional ético, sem julgamentos morais, precisa olhar, observar, escutar a história e o sofrimento dos pais enlutados, pois nem sempre se pode avaliar o que representa o bebê para um casal ou para um dos pais. "Nessa área, a palavra exige todo cuidado" (MERCER, 2002, p. 209), por se tratar da saúde psíquica da mãe, assim como do casal, portanto da saúde familiar e social. Antes de comunicar "Óbito Fetal", ou dizer "Vá para casa e desmanche o quartinho do bebê", há que permitir o contato com a realidade dolorosa, que ambos os pais expressem sua dor, sua confusão e incredulidade.

Só depois de serem acolhidos em seus profundos sentimentos, os pais terão condições de tomar decisões e fazer escolhas de acordo com seus limites e potencialidades. Ver ou não ver o bebê morto, tirar fotos para guardar de lembrança, enterrar ou cremar, mandar o corpo para exames genéticos etc.

Embora haja uma unanimidade em relação à despedida da criança, em lhe dar um nome, se ainda não tem, falar com o bebê, como fatores que facilitam o processo do luto, é preciso ter cuidado em perguntar aos pais e apoiá-los em suas decisões, sem nada impor. As equipes despreparadas incorrem em erros graves que vão desde não reconhecer o luto perinatal até impor rituais de despedida sem que um ou ambos os pais se sintam preparados. Ou até mesmo, não mostrar o bebê morto. É preciso auxiliá-los a se apropriar e se conscientizar da situação. Defensivamente, as equipes podem não abrir espaço para a palavra desses pais e familiares enlutados.

Quando a mãe não vê o bebê, geralmente se arrepende e fica fantasiando sobre como ele era. Quando não participam das decisões e rituais funerários, ficam fantasiando sobre o que foi feito com o corpo do bebê, desencadeando ansiedades persecutórias, fantasias inconscientes de roubo do bebê relativas ao Complexo de Édipo, entre outras. Nesse contexto, fantasias de culpa projetadas podem levar o casal à separação ou à maior união.

Daí a importância da capacitação das equipes de saúde em acompanhamento familiar. Lembro uma paciente que perdeu seu bebê com 38 semanas, a quem não lhe era permitido chorar. Os familiares não orientados diziam: *"Deu, já passou, agora chega!"* E, ao final da primeira sessão de psicoterapia, ela disse chorando: *"Muito obrigada por ter me ouvido, muito obrigada por reconhecer meu luto!".*

Outro momento difícil para os pais, e em especial para a mãe, é a volta para casa. A constatação do berço vazio, a dúvida sobre se desfazer ou não dos pertences do bebê, são situações dolorosas que fazem parte do processo do luto e precisam de tempo para serem elaboradas. *"Chegar em casa sem meu filho nos braços foi a pior coisa que já me aconteceu"*, verbalizou uma paciente. Esse processo, a necessidade de falar e recordar de seu filho, pode durar meses e até anos. Defey *et al.* (1997) afirmam que, por não ter a criança em seus braços para prestar-lhe os cuidados, a mulher não se sente propriamente mãe da criança, prevalecendo uma sensação de despersonalização, uma certa diluição temporária de sua identidade.

Durante os primeiros dias, a impressão é de estar vivendo um sonho, indo e vindo mentalmente no tempo, revivendo os detalhes de tudo o que passou, como se magicamente pudessem voltar atrás e modificar o desenlace. A mãe, que já não tem o bebê no ventre, o mantém no pensamento.

Uma reflexão constante das pacientes em psicoterapia é: "Por que comigo?" Além disso, costumam fazer todo um levantamento de possíveis causas, responsabilidades e culpas, bem como de sentimentos de inadequação, desamparo e tristeza.

Outra reação possível ao luto mal elaborado é algumas mulheres acabarem engravidando novamente nos meses seguintes à morte precoce do bebê, fazendo da nova gravidez um "tampão" à perda. Segundo pesquisas apresentadas no I Ciclo de Conferencias sobre Psicologia Perinatal en España (2016), existe pouca atenção das comunidades médicas ao luto perinatal e ao impacto que costuma causar na gravidez seguinte.

A nova gravidez, após uma perda, costuma despertar incerteza, insegurança, desconfiança em relação ao próprio corpo, repressão das emoções, lealdade ao bebê anterior, culpa pela alegria, comparação entre as gravidezes, resistência a vincular-se com o novo bebê, desconfiança em relação aos médicos, medo de más notícias, preocupações excessivas, medo dos movimentos ou não movimentos do bebê, receio em relação a datas chaves (por exemplo, a semana em que perdeu o bebê), procuras mais seguidas de médicos, não discriminação do bebê perdido e do atual, sintomas depressivos, doenças repetitivas (CUADRELLI, 2016). Todas essas possibilidades, então, levam a gravidez, após uma perda, a ser considerada uma gravidez de risco emocional.

Além dessas reações, está a Síndrome do bebê vulnerável. Uma distorção na percepção da criança que nasce após a morte do outro filho, como doente e frágil a longo prazo, provocando superproteção e impedimento do crescimento psíquico do filho, pelo medo constante de nova perda.

Atualmente surgiu o conceito de "bebê arco-íris" para aquele que nasce após a morte de um irmão. Esse conceito traz muito de esperança e lembra a possibilidade de recomeço e reparação, mas tem consigo uma determinada idealização em relação à criança que, se for demasiada, pode acarretar dificuldades no vínculo, ou sobrecarga de expectativas sobre o bebê. A meu ver, nenhuma "classificação" é saudável.

Assim sendo, conclui-se pela óbvia necessidade de melhora no acompanhamento perinatal, com o estabelecimento de assistência psicológica a mulheres e casais e, em especial, aos que já tiveram alguma perda anterior. O acompanhamento psicoterápico é o tratamento indicado para auxiliar no processo de luto e na prevenção de descompensações emocionais na gravidez seguinte.

A Dr.ª Sílvia Saharrea Cuadrelli, da Associação Espanhola de Psicologia Perinatal (2016), aponta as seguintes tarefas elaborativas que devem ser facilitadas aos pais:

- aceitar a realidade da perda do bebê como real e irreversível;
- evitar a "mumificação do bebê", vendo-o, tocando-o, participando do funeral. Caso isso não aconteça, a perda precoce pode não se inscrever no inconsciente, permanecendo o bebê morto, vivo na mente dos pais. Por exemplo, pais que não conseguem desfazer o quarto, ou que mantêm "altares" em casa com a foto do bebê rodeada de flores e velas. Outro exemplo é dar o mesmo nome ao próximo filho;
- aceitar a vida sem o bebê;
- dar significado, sentido para a perda.

O importante é verificar como se desenrola o luto, avaliar necessidade de medicação ou não. Que os pais consigam entender o significado atribuído a essa perda para cada um, para o casal e para família. Fazer ressurgir os fantasmas e mandatos transgeracionais e desmistificá-los. Se há outros filhos, esses devem saber de tudo ou serão vítimas do segredo e do silêncio. Pela minha experiência clínica, ambos os pais, ou as mães, ficam em terapia até o final exitoso de uma próxima gravidez, outros encerram o acompanhamento quando o luto está elaborado e transformado em saudade. As consequências de uma morte perinatal podem chegar até uma terceira geração e, em algumas mulheres, podem inibir ou adiar outra gravidez.

REFERÊNCIAS

BRASIL. **Portaria nº 72/GM/MS, de 11 de janeiro de 2010.** Ministério da Saúde, Brasília, 2010.

BYDLOWSKI, M. **La dette de vie:** itinéraire psychanalytique de la maternité. (A dívida da vida: itinerário psicanalítico da maternidade). Paris: Presses Iniversitaires de France, 1997.

CUADRELLI, S. S. El embarazo después de uma pérdida perinatal. XI CICLO DE CONFERÊNCIAS SOBRE PSICOLOGIA PERINATAL DA ESPANHA, PROVIDO PELO COLEGIO OFICIAL DE PSICOLOGIA DE MADRID, Madri, 19 out. 2016.

DEFEY, D. *et al.* **Duelo por un niño que muere antes de nacer** (Luto por um bebê que morre antes de nascer). 3. ed. Montevidéu: Prensa Latinoamericana, 1997.

FREUD, S. [1914]. Luto e Melancolia. Tradução de Jayme Salomão. *In*: FREUD, S. **Obras Completas.** Rio de Janeiro: Imago Editora, 1976.

MERCER, V. R. Volte para casa e desmanche o quartinho. *In*: BERNARDINO, L. M. F.; ROHENKHOL, C. M. F. **O bebê e a modernidade:** abordagens teórico--clínicas. São Paulo: Casa do Psicólogo, 2002.

SOIFER, R. **Psicologia da gravidez, parto e puerpério.** Tradução de Ilka Valle de Carvalho. Porto Alegre: Editora Artes Médicas, 1984.

WORDEN, J. **Grief Counseling and Grief Therapy:** a Handbook for Mental Health Practioner. London: Routledge, 1991.

CAPÍTULO 11

O LADO B DA MATERNIDADE – SOBRE O ÓDIO MATERNO

> *Afinal, nossos mundos internos não são povoados, predominantemente, por bruxas nem por fadas, mas sim ocupados eminentemente por mães.*
> (KAUFFMANN, 1999)

Toda mãe tem direito a ter raiva! E nem sempre é do bebê. Muitas vezes as raivas são manifestações defensivas diante da situação nova e desconhecida, da falta de rede apoio ou da incompreensão por parte de quem está mais próximo, das inúmeras interferências de como agir com o bebê, do companheiro que "some" deixando-a sozinha, do bebê que não se parece com o filho idealizado. Entretanto, na minha prática clínica, o que mais faz uma mãe recém-nascida sofrer é a raiva contra si mesma, desqualificando-se e cobrando mais competência.

Neste capítulo, porém, vou me deter aos sentimentos da mãe em relação ao bebê. Durante quase todo o livro, citei a já bem conhecida ambivalência – amor e ódio concomitantes em relação à criança – como sentimento constituinte da maternidade. Embora o título deste capítulo possa causar surpresa, ou parecer inaceitável para algumas pessoas, muito se tem estudado sobre esse tema e suas repercussões na relação mãe-bebê e na formação do psiquismo infantil.

Optei por uma trajetória demonstrativa de diagnósticos diferenciais em qualidade e intensidade, do natural ao patológico. Assim, para tecer as considerações deste capítulo, parti da escrita sobre o ódio contido na ambivalência, chamado estruturante – e necessário –, seguindo pelo ódio relacional explicitado por meio do humor (*teasing*), passando pelas diferentes manifestações implícitas e explícitas de ódio nas atitudes da mãe em relação ao bebê, descrevendo a modalidade perversa nessas relações, até chegar, por fim, ao neonaticídio e filicídio.

O possível espanto com o termo ódio materno provavelmente provém do também conhecido mito do amor materno não ambivalente, inteiramente devotado ao bebê, descrito por Badinter (1985), ou do "mito da maternidade glorificada", discutido por Welldon (2008), que estão implícitos e esperados, tomados como óbvios na relação da mãe com seu filho. Mitos esses que provavelmente nascem do desejo humano universal de se sentir amado e desejado, incondicionalmente, pela primeira e mais significativa figura objetal, a mãe, a ponto de fazer as pessoas cegarem e calarem sobre o tema.

Os principais teóricos da Psicanálise apresentam o ódio como natural do ser humano. Ainda há polêmicas se ele é inato, como propõe Melanie Klein (1975) ou uma reação a grandes frustrações e privações. Freud, em 1915, em seu trabalho sobre Metapsicologia, apontou esse sentimento como essencial na estruturação da mente, agindo na preservação da vida e no combate ao desprazer.

Já Winnicott (1978) e Bion (*apud* ZIMERMAN, 2004), maiores representantes da teoria intersubjetiva na construção do psiquismo, consideram o bebê absolutamente dependente do objeto que exerce a função materna, idealmente por meio de continência, revêrie, *holding*, investimento narcísico, atendimento de necessidades físicas e emocionais. Salientam a importância da mãe intersubjetiva, ou seja, a mãe do encontro real, "suficientemente boa", sem excessos nem faltas, que interage com o imaginário do bebê (mãe percebida).

Winnicott (1978, p. 350-351), inclusive, acredita que a mãe odeia seu bebê desde o início, embora o ame, e faz um rol de razões para que assim seja, do qual selecionei algumas delas:

- o bebê não é sua própria concepção (mental);
- o bebê não pertence às brincadeiras infantis, filho do pai, filho do irmão etc.;
- o bebê representa um perigo para seu corpo durante a gravidez e durante o parto;
- o bebê é uma interferência na vida privada, um desafio à preocupação;
- o bebê é grosseiro, trata-a como uma escrava;
- no início ele não tem ideia do que ela faz ou sacrifica por ele e não admite seu ódio.

Os autores citados enfatizam, então, a importância dos fatores ambientais e, principalmente, a qualidade do vínculo mãe-bebê, as expressões faciais da mãe, o olhar, a forma como a mãe amamenta, a tonalidade da voz, a forma como o segura, o que funciona como um "termômetro" para o bebê, fazendo-o sentir-se amado ou odiado.

ÓDIO ESTRUTURANTE

Na maior parte dos casos, as mães conseguem alterar sua constituição psíquica, incluindo transformações em sua identidade agora mãe, e, a partir do nascimento de seu filho, passam a libidinizar seu corpo, reconhecer as especificidades desse laço social e finalmente, após o período de simbiose inicial necessária, admitir e permitir a alteridade de seu bebê, associando registros do sexual e do materno em relação à criança (BENHAÏM, 2007).

Em relação ao bebê, a ambivalência materna é parte integrante da relação e, como já foi reportado neste livro, é provocada por medos e incertezas quanto mais difíceis tenham sido as vivências infantis e dificuldades reais atuais. Segundo Benhaïm (2007), a ambivalência não precisa ser suprimida, mas reconhecida, compreendida e elaborada, uma vez que, segundo Freud (1915) e Iaconelli (2015), o ódio pelo objeto investido encontra-se dialeticamente inserido no amor. A ambivalência pode ser positiva, quando o ódio se torna vital e estruturante, simbolizado como integrante do amor materno, ou negativa, quando o ódio se torna destruidor, mortífero e evolui para o abandono e outras condutas destrutivas e patológicas.

Por estruturante, entende-se tudo o que ajuda a estruturar a personalidade do indivíduo, como um sujeito independente e separado de seus primeiros e fusionados objetos. É quando há a individuação do indivíduo, elaborando a separação psíquica da mãe.

Nesse sentido, a ambivalência dita positiva ocorre quando a mãe não está excessivamente imersa em sua ansiedade e ódio e consegue se conectar e atender seu bebê sem falhas e sem intrusões; quando permite que o bebê seja outro, seja ele mesmo, e não uma continuidade, ou projeção, sua, uma posse sua: um objeto narcísico da mãe, como fazem as mães dos psicóticos. Para que haja uma relação objetal – entre dois sujeitos diferentes –, deve haver um "espaço de amor e de ódio vitais, necessário e estruturante, que, apenas quando inscrito nesta ambivalência, poderá reconhecer a diferenciação como essencial" (BENHAÏM, 2007, p. 16).

Esse mesmo autor retrata o "ódio suficientemente bom" simbólico, que traz a possibilidade da criança desfusionar da mãe e à mãe retornar ao pai, impedindo, inclusive, fantasias incestuosas em relação ao bebê (perversão materna). A entrada do pai, como corte da relação simbiótica, aqui se faz imprescindível.

O "suficientemente" implica que o ódio é necessário para toda separação, mas tem como premissa que também tenha havido, e ainda haja, o amor. Repetindo, trata-se de uma mãe não excessiva nem falha. Winnicott (1978) também lembra que o ódio se apresenta como estruturante, quando a mãe consegue apresentar limites, tempo de espera, de pensar e de criar diferentes e adequados a cada etapa do desenvolvimento. Portanto, o ódio é estruturante quando permite a separação da mãe e da criança, que pode seguir seu desenvolvimento rumo à individuação.

TEASING

Como visto até aqui, o bebê será fonte de sensações tanto agradáveis quanto desagradáveis à mãe. E a mistura desses "ingredientes" é bastante complexa, fazendo-se necessário encontrar maneiras de lidar com o amor e o ódio de forma discriminada e, de preferência, de forma integrada ao *self*, elaborando-os e incluindo-os à personalidade.

Segundo os estudos citados por Kauffmann, o "teasing" é descrito como um comportamento que se situa numa zona intermediária entre as bipolaridades de dor-prazer, hostilidade-conduta amigável, seriedade-brincadeira, destrutividade-construtividade, antagonismo-cooperação e desejo-aversão. "O *teasing* parece situado em algum lugar entre o amor e o ódio" (KAUFFMANN, 1999, p. 291).

O *teasing* se constitui de comportamentos provocativos, atitudes interpessoais entre mãe e bebê, que, tal qual o chiste, por meio do humor, permite ao ego a descarga de impulsos agressivos, ou sexuais, proibidos. Para alguns autores, quando bem dosado, não ultrapassando os limites do bebê, o *teasing* pode ser estruturante e benigno, quando incita movimentos e iniciativas e no "faz-de-conta" da brincadeira, favorece o aprendizado do imprevisto (KAUFFMANN, 1999).

A possibilidade de exercer agressão por meio do "faz-de-conta-pois-é-só-brincadeira" é uma representação plástica da coexistência do amor e ódio maternos, inconscientemente aceitos pela mãe, protegendo-a contra o medo em relação aos próprios impulsos destrutivos. Acredito que, para o bebê, o *teasing* se assemelha um pouco aos contos de fadas repletos de bruxas e figuras filicidas, mas que as crianças gostam de ouvir repetidamente, principalmente contados pela mãe. No entanto o *teasing* não pode ser excessivamente ríspido, nem prolongado. Quando em demasia, pode ferir a autoimagem e o narcisismo do bebê, ou de ambos, desencadeando culpa e vergonha.

O ÓDIO MATERNO DESESTRUTURANTE

Nunca antes a maternidade se mostrou tão contraditória, já que mulheres atuais convivem com demandas opostas, como a importância de ser mãe, rivalizando com a importância de ser profissional, manter-se jovem, bem casada e um imperativo social de não perder nada e ser bem-sucedida em tudo que faz. O filho deixou de ser a única forma de recuperar o falo, como sugerido na teoria de Freud (1905) sendo substituído por cargos e oportunidades de igualdade social com os homens. Talvez, como consequência e compensação, é que surgem as idealizações da parentalidade, em especial do amor materno, como forma de negar a ambivalência. Em consequência, os bebês, mais do que nunca, têm sido exaltados e, ao mesmo tempo, maltratados.

A forte ambivalência das mulheres em relação à maternidade pode se manifestar psicossomaticamente, como citei em outros capítulos, por meio de infertilidade psicogênica, sintomas graves que põem a gravidez em risco, partos distócicos, dificuldades de amamentar e, finalmente, explícita dificuldade em se "entregar" para o bebê, por inúmeras e subjetivas motivações. Situações essas que podem ser superadas naturalmente, ou pela psicoterapia perinatal. Quando não elaborados, podem ser significados como sinais de alerta sobre o futuro relacionamento pais/bebê, mas eminentemente mãe/bebê.

Além disso, as condições maternas e do meio estão sujeitas a transgressões e divergências entre si. O lugar do bebê não está dado de antemão, podendo não ser reconhecido como ele é. Ele pode ser um produto de projeções, uma convenção do discurso familiar e transgeracional que o antecede e ultrapassa, adquirindo diferentes significados para os pais.

A materialização do bebê pode trazer à tona muitos ódios mal elaborados e o mecanismo denominado "identificação com o agressor", uma vez que pais que maltratam e odeiam seus filhos, via de regra, também sofreram violências de toda ordem. É como se, inconscientemente, sentissem que agora é a sua vez de se vingar, já que não é o indivíduo mais vulnerável da relação.

As manifestações desse ódio desestrututante, que atacam o bebê, podem ser, de certa forma, ocasionais, implícitas ou explícitas, de acordo com a frequência e intensidade. Incluem-se aqui "esquecimentos" dos bebês em lugares diversos, como creches, escolas, carros, casas de amigos, áreas de recreação em lojas e supermercados, entre outros; diversas formas de negligência, como falta de cuidado com a saúde, higiene, alimentação para falar no básico, independentemente de classe social; "terceirização" de cuidados, delegando os bebês a outras pessoas desde muito cedo, como uma mãe de gêmeos que voltou a trabalhar depois de uma semana do nascimento dos filhos. Em casos mais graves e explícitos, o abandono físico ou psíquico da criança, a negativa consciente em atender suas necessidades; agressões físicas explícitas; "brincadeiras" que põem em risco a saúde e a vida da criança; "encarceramento", em que a criança fica fechada em ambientes inóspitos, às vezes presos por correntes; a não proteção em caso de abuso sexual e violência; humilhações e desqualificações.

Os hospitais infantis diariamente são testemunhas de crianças que chegam com ossos quebrados, edemas por todo o corpo, queimaduras e outros ferimentos provocados por espancamento em crianças desde a mais tenra idade. Situações que geralmente vêm acompanhadas de negativa de responsabilidade pelos pais, mas que algumas vezes viram "caso de polícia", denunciados por vizinhos ou conhecidos da família.

Nesses casos há um deslocamento, projeção ou transferência do ódio em relação aos objetos significativos da mãe, do pai ou de ambos para a criança. Se as frustrações e privações são demasiadas ao que o bebê pode suportar, o risco de desenvolvimento de psicoses e psicopatia na criança é uma possibilidade real (ZIMERMAN, 2001).

O ÓDIO MATERNO ALIENANTE (MÃES QUE "AMAM" DEMAIS)

Em oposição às mães ditas abandônicas e agressivas, uma mãe "demasiadamente boa", que devota à criança um "todo-amor", sem matizes agressivas, está revelando uma face mortífera de um ódio disfarçado. Se o ódio materno é basicamente narcísico, confunde e destrói o bebê como indivíduo, pois a mãe pode usá-lo como objeto seu, sem respeitar suas necessidades e exigindo que o bebê se adeque às necessidades dela, sem perceber nem considerar as dele.

A dificuldade nesses casos consiste em a mãe tomar o bebê como objeto parcial, como parte e posse dela; há um "engolfamento" ou "devoramento" (típicos da fase oral), ou um "apoderamento" (típico da fase anal) da mãe sobre o bebê. Ela se sente escrava dessa criança, estando sempre a seu dispor, ao mesmo tempo que impede que o filho consiga se separar dela.

A criança tem como alternativas desenvolver sintomas, tentando denunciar a patologia da relação, ou desenvolver o que Winnicott (1983) denominou de falso *self*, que se trata de um recurso inconsciente de adivinhar o que a mãe deseja, como uma forma única de adaptação e preenchimento das expectativas narcísicas dela e, assim, garantir seu reconhecimento e amor. A criança e, mais tarde, o adulto passam a não discriminar aquilo que é seu rosto do que é uma máscara (ZIMERMAN, 2001). É o que se chama "assassinato da alma" e que origina a atual "clínica do vazio", em que as pessoas não se reconhecem, nem conhecem seus desejos.

O ódio alienante perpetua a criança como dependente da mãe; e, muito comumente, no decorrer do tempo, pode-se observar uma evidente inversão de papéis, em que o filho precisa viver para cuidar da mãe. O ódio alienante é destruidor, pois essas crianças, identificadas como objeto do fantasma materno, acatam a missão de reparar as feridas narcísicas da mãe, mediante uma eterna fusão e, segundo Benhaïm (2007, p. 51), "o preenchimento da fusão é a morte". Essa morte pode ser psíquica ou física. Crianças que não encontram seu espaço para "ser" e viver acabam desistindo realmente, adoecendo gravemente e/ou morrendo, muitas vezes sem causa determinada, às vezes mesmo antes de nascer.

A VISÃO PSICANALÍTICA DO ÓDIO MATERNO

Kauffmann (1999) fez um levantamento de teorias e autores psicanalíticos que reconhecem o ódio materno e suas manifestações, sobre o qual discorro pontualmente a seguir. O primeiro autor a ser citado pela autora foi Freud (1905), com sua teoria sobre a sedução do adulto sobre a criança, inicialmente vista por ele como fato real e depois como fato fantasiado. Trata-se de insinuações, por palavras ou gestos, sobre a criança passiva, que podem se constituir em agressão, intrusão e violência do ponto de vista psíquico da criança. Atualmente, sabemos que a sedução é, muitas vezes, real, originada da perversão materna e paterna.

Para Klein e Rivière (1975), a origem de sentimentos hostis maternos está na <u>inveja primária</u> em relação ao seio materno. Se não foi amamentada, por exemplo, pode odiá-lo por invejar a possibilidade de seu bebê dispor do seu próprio seio. Para uma paciente minha, pude dizer claramente que ela tinha inveja da mãe que o filho dela tinha, ao que ela admitiu abrindo um largo sorriso. Nesse sentido, por projeção de sua própria oralidade agressiva, a mãe pode ter medo de ser atacada e devorada pelo filho.

Como já foi apresentado neste livro, Lebovici (2004) e outros autores apontam para fatores transgeracionais interferindo na relação com o bebê. Isso ocorre quando a mãe relembra e projeta parte de suas antigas relações, estando a criança ameaçada de ser identificada com outros objetos hostis do mundo interno e com partes inconscientes dela mesma, sua própria agressividade. A clínica analítica comprova que o que leva a mãe à rejeição de seu filho e a frustrá-lo, amiúde cruelmente, provém tanto de sua identificação inconsciente com a imagem da mãe da própria mãe má como dos próprios impulsos infantis (sádicos e antropofágicos) ligados a essa imagem.

A MATERNIDADE PERVERSA

Antes de discorrer sobre as repercussões da perversão materna no psiquismo do bebê, vou me valer do conceito de perversão feminina de Estela Welldon (2008), pouco admitida e conhecida, já que a perversão tem sido considerada um diagnóstico eminentemente masculino. O conceito de perversão, em geral, refere-se a algum tipo de "aberração", ou desvio da sexualidade, em que uma pulsão parcial predomina na conduta sexual e se superpõe à primazia sexual genital. Trata-se de uma conduta compulsiva que tem uma forma restrita, praticamente única, de vivenciar uma descarga sexual. Segundo Welldon (2008), a perversão é vista como inexplicável e estranha pelos sujeitos e caracterizada por um desejo inconsciente de lesar o outro. Portanto, o perverso, quando se relaciona sexualmente, não faz amor, faz ódio. A angústia sexual nos perversos está mesclada à agressividade, e todo ato perverso está ligado a um trauma precoce.

Em relação às meninas, Welldon (2008) afirma que a motivação subjacente da perversão é hostil e sádica, já que elas teriam se sentido muito vulneráveis ao não poder se sentirem "salvas" pela mãe. Enquanto os homens usam o pênis para suas atividades perversas, as mulheres usam o corpo todo, pois seus órgãos reprodutores sexuais estão mais distribuídos.

Para Welldon (2008, p. 4)

> [...] a capacidade que a mulher tem de procriar, ficar grávida e levar o bebê dentro de seu próprio corpo, a dota com algumas características emocionais no seu relacionamento de objeto, as quais não somente são exageradas, mas também distorcidas nos casos de relacionamentos perversos, em que se acrescenta a necessidade de dominar totalmente a outra pessoa, de desumanizar o objeto, de se intrometer, invadir, ter o controle total da situação, de se fusionar com o outro [...] No caso das mulheres, o ato geralmente é dirigido contra si mesmas, ou seja, contra seus corpos ou contra objetos que elas entendem como sendo suas próprias criações, ou seja, seus bebês [...] As histórias dessas mulheres são caracterizadas pela exposição a incidentes traumáticos precoces, repetidos e sérios, de abuso emocional e físico perpetrados por seus progenitores ou por seus substitutos.

A perversão materna constitui-se de um excesso prematuro da ordem do amor erotizado da mãe em relação à criança. Segundo Welldon (*apud* MILAGRE, 2015, p. 89), "a perversão materna é produto tanto de uma instabilidade emocional da mãe, quanto de uma individuação imprópria", ocorrendo por meio de uma ruptura de estados mentais diante da paralisia emocional causada pelas demandas do bebê e com a forte contribuição da transgeracionalidade, composta por abusos e abandonos infantis crônicos por até três gerações. Outra motivação inconsciente implícita da perversão feminina seria uma vingança contra a própria mãe punitiva e abusiva.

Ainda segundo Welldon (2008), em se tratando de maternidade do tipo perversa, o nascimento do bebê torna-se um desafio, surgindo a necessidade de apegarem-se ao seu corpo e possuí-lo. As mães perversas fazem uso de seus filhos como objetos parciais para manipular, destroçar, abusar, despojando o bebê de qualquer vida própria. Mediante atitudes de sedução, cumplicidade, ou mesmo manipulação sexual, criam um circuito fechado com o filho de trocas intensas, no qual o pai está excluído

A observação da relação mãe-bebê tem importância fundamental para compreender a gênese da perversão, que, em geral, não é reconhecida pela própria mãe, embora, em alguns casos, os desejos sexuais pelo filho sejam admitidos por algumas mulheres que buscam tratamento para isso. Freud (1923) apontou o caráter passivo da criança pequena e ainda dependente da mãe que usufrui de todos os cuidados e estimulações corporais de uma forma sexualizada, embora diferente da sexualidade adulta.

Contudo, a mãe perversa contempla seu filho de acordo com sua própria vida sexual, tratando-o como objeto sexual, amor esse não sublimado que pode levar ao adoecimento psíquico da criança, na medida em que acelera a maturidade sexual. O ataque libidinoso da mãe perversa, ou seja, a manipulação do bebê pela mãe com objetivo erótico, é vivido como uma invasão, na qual a criança se sente vulnerável e impotente. Esse ataque se torna desestruturante e confusional para o psiquismo infantil pela insuficiência de capacidade egóica para dar conta dessa invasão.

Seguem alguns relatos de situações na relação mãe-bebê que concretizam as ações perversas que existem, embora para muitos possa parecer absurdo: (1) mães que se masturbam enquanto amamentam; (2) mães que masturbam os bebês enquanto amamentam; (3) mães que masturbam crianças em qualquer idade com o pretexto de acalmá-las quando estão agitadas; (4) mães que praticam sexo oral em seus bebês; (5) mães e pais que incluem seus filhos em orgias sexuais com outros adultos; (6) pais que têm relação sexual em presença da criança de forma exibicionista.

Há também quem se defenda claramente de seus impulsos ou revivências traumáticas, evitando trocar fraldas ou dar banho nos bebês para não tocar nos genitais dos filhos e se sentirem excitados e pedófilos. Essas são apenas algumas das situações sobre as quais tive conhecimento.

A vivência sexual precoce pode ainda dar à criança a ilusão onipotente de que ela é suficiente como objeto de amor e sexual, independentemente das diferenças de gerações e de sexos, contribuindo, assim, para o desenvolvimento de um novo indivíduo de personalidade perversa que não reconhece limites e não considera o outro, idealizando as zonas erógenas e objetos pré-genitais em busca de uma completude narcísica, exatamente como aconteceu entre sua mãe e ele (ZIMERMAN, 2004).

A maternidade perversa, portanto, tem um potencial traumático, perturba o curso do desenvolvimento infantil e a subjetivação da criança, estando na etiologia de psicoses e perversões. Nesses casos, a interdição paterna torna-se imprescindível, se não pelo próprio pai, por uma figura substitutiva ou um psicoterapeuta.

O NEONATICÍDIO

Para contextualizar esse item, faz-se necessária a distinção entre os conceitos: filicídio, infanticídio e neonaticídio. O filicídio por definição é o conjunto de práticas abertas, ou encobertas, de violência e abandono, desde as formas mais sutis até as mais extremas, tais como mutilações, mortificações, abandonos, denegrimento, até os assassinatos de crianças acima de um ano de idade (GONÇALVES; MACEDO, 2011). Existem registros sobre filicídio desde a pré-história até a atualidade sob diversos pretextos dependendo da época e das culturas, como controle populacional, eugenismo, punição por casos de infidelidade, como sacrifícios religiosos, em casos de gêmeos ou crianças deficientes, quando a mãe morria no parto e outras tantas situações.

Rascovsky (1975) foi um dos pesquisadores que se dedicou ao estudo das violências dos pais sobre os filhos que se tornam depositários da agressão incontrolada do adulto em função de sua proximidade, fragilidade, dependência e dos múltiplos significados conscientes e inconscientes que a criança adquire na mente dos pais. Para ele, o filicídio se constitui como uma característica da espécie humana, fazendo parte do processo psicossociocultural. Um dos maiores exemplos do filicídio, como inerente à humanidade, são as eternas guerras que, sob pretextos diversos, acabam por matar constantemente milhares de jovens no mundo todo.

O infanticídio se caracteriza pela morte de uma criança até um ano de idade por um ou ambos pais, por razões que só podem ser compreendidas pelas patologias da parentalidade (GONÇALVES; MACEDO, 2011). Pode, por exemplo, ocorrer em casos de depressão ou psicose puerperal e outras patologias, dentre elas a psicopatia. Nos casos de depressão ou psicose pós-parto, algumas mães são legalmente acusadas de homicídio involuntário e não de assassinato.

Ainda mais desconcertantes são os neonaticídios, pois são, em sua maioria, executados pelas mães que não apresentam nenhum quadro psicopatológico evidenciado. O neonaticídio, segundo Gonçalves e Macedo (2011), é a morte provocada de um recém-nascido nas suas primeiras 24 horas de vida. Costuma ser sempre dolorosa a ideia de progenitores que matam seu próprio filho.

Existem dois tipos de neonaticídio: (1) o passivo, caracterizado por negligência com o bebê logo após o parto, como abandono em ruas, lixos e outros e (2) o ativo, caracterizado pela morte do bebê por asfixia, afogamento e outros.

O bebê, em seu desamparo constitucional, fica sujeito a uma violência direta e mortífera da mãe quando

> [...] o bebê é condenado a viver um paradoxo: ao nascer, condição que naturalmente torna presente a necessidade de ser tomado como objeto de desejo e cuidado de um outro, encontra silêncio e o vazio irreparável da morte. Em uma estranha e paradoxal situação, o bebê nasce e morre (GONÇALVES; MACEDO, 2011, p. 72).

Os referidos autores lembram, ainda, que é difícil precisar estatisticamente os dados sobre neonaticídios, já que muitos casos não são notificados. O que eles afirmam é que algumas pesquisas já realizadas denotam que no neonaticídio o motivo mais presente é o do filho não desejado, sendo praticado, em sua maioria, por mulheres sem filhos, jovens e solteiras.

O neonaticídio está relacionado psicodinamicamente à negação não psicótica da gravidez, que foi descrita no Capítulo 5 deste livro. Embora algumas mulheres, após superarem o efeito surpresa da gravidez e do parto inesperado, possam se vincular ao bebê, em outras predominam o pânico e o desespero frente a uma situação inusitada, que pode levar a matar o próprio filho. O neonaticídio não é, portanto, um ato planejado, e sim uma resposta impulsiva que produz culpa, medo e choque.

Assim, mais uma vez, fica evidente a necessidade imperiosa de atenção às mães desde a gestação negada – às vezes até mesmo pelos médicos, que observam apenas evidências físicas –, ao estado emocional da parturiente surpresa e chocada e nas primeiras relações das mães com seus bebês, uma vez que todos esses assuntos são relevantes fatos concernentes à saúde psíquica materno-infantil e à saúde pública.

REFERÊNCIAS

BADINTER, E. **Um amor conquistado:** o mito do amor materno. Rio de Janeiro: Nova Fronteira, 1985.

BENHAIM, M. **Amor e ódio:** a ambivalência da mãe. Rio de Janeiro: Companhia de Freud, 2007.

FREUD, S. [1905]. Três Ensaios sobre a sexualidade infantil. *In*: FREUD, S. **Obras Completas**. Tradução de Jayme Salomão. Rio de Janeiro: Editora Imago, 1976. v. 7.

FREUD, S. [1915]. O instinto e suas vicissitudes. Tradução de Jayme Salomão. *In*: FREUD, S. **Obras completas**. Rio de Janeiro: Editora Imago, 1976. v. 14.

FREUD, S. [1923]. O ego e o id. Tradução J. Salomão. *In:* FREUD, S. **Obras completas.** Rio de Janeiro: Editora Imago, 1976. v. 16.

GONÇALVES, T. G.; MACEDO, M. M. K. Neonaticídio: o paradoxo do nascer e do morrer. **Publicação Ceapia**, Porto Alegre, n. 20, 2011.

IACONELLI, V. **O mal estar na maternidade:** do infanticídio à função materna. São Paulo: Annablume Editora, 2015.

KAUFFMANN, A. L. Sobre o reconhecimento o ódio materno. **Revista de Psicanálise**, São Paulo, v. VI, n. 2, ago. 1999.

KLEIN, M.; RIVIÈRE, J. **Amor, ódio e reparação.** Rio de janeiro: Editora Imago; São Paulo: Ed. da Universidade de São Paulo, 1975.

LEBOVICI, S.; SOLIS-PONTON, L. Diálogo Leticia Solis-Ponton e Serge Lebovici: A construção da parentalidade. *In:* SILVA, M. C. P.; SOLIS-PONTON, L. (org.). **Ser pai, ser mãe, parentalidade:** um desafio para o terceiro milênio. São Paulo: Casa do Psicólogo, 2004. p. 21-27.

MILAGRE, P. K. A maternidade perversa e suas repercussões no aparelho psíquico da criança. **Publicação Ceapia**, Porto Alegre, n. 24, 2015.

RASCOVSKY, A. **La matanza de los hijos y otros ensayos.** Buenos Aires: Kargieman, 1975.

WELLDON, E. V. **Madre, Virgen, Puta:** las perversiones femininas. (Mãe, virgem e puta: as perversões femininas). Buenos Aires: Temas de Hoy, 2008.

WELLDON, E, V. O mito da maternidade glorificada: "Maternidade pervertida" ou "A perversão do instinto maternal". **Revista Brasileira de Psicanálise**, São Paulo, v. 42, n. 4, dez. 2008.

WINNICOTT, D. W. **O ambiente e os processos de maturação: estudos sobre a teoria do desenvolvimento emocional.** Porto Alegre: Artes Médicas, 1983.

ZIMERMAN, D. E. **Vocabulário Contemporâneo de Psicanálise.** Porto Alegre: Editora Artes Médicas, 2001.

ZIMERMAN, D. E. **Manual de Técnica Psicanalítica.** Porto Alegre: Editora Artes Médicas, 2004.

CAPÍTULO 12

O VÍNCULO PAIS-BEBÊS EM SITUAÇÕES ESPECIAIS – PREMATURIDADE, DEFICIÊNCIAS E MALFORMAÇÕES

Neste capítulo, vou tratar de circunstâncias especiais em que a realidade dos bebês impõe desvios de rotas no plano arquitetado e desejado pelos pais. Esses desvios acontecem em casos de prematuridade e/ou quando os bebês apresentam deficiências ou malformações diagnosticadas já durante a gestação, no momento do nascimento ou depois.

QUANDO O BEBÊ CHEGA ANTES DO ESPERADO – PREMATURIDADE

A definição de prematuridade de um bebê segue parâmetros de exames médicos – dados clínicos e ultrassonográficos – e da avaliação anatômica da criança – peso, tamanho etc. Segundo a idade, a CID 10 identifica uma criança como prematura quando nasce com menos de 37 semanas. Até 35 semanas é considerada de "risco" e antes das 32 semanas, de "alto risco". Outro critério de definição é o peso abaixo de 2500g. Peso e idade gestacional associados definem a gravidade do estado de saúde do bebê e delineiam seu prognóstico (PINTO, 2004).

Por esse conjunto de critérios e possíveis comorbidades cardíacas, respiratórias, digestivas, por exemplo, não se pode falar dos prematuros como se fossem homogêneos. Cada um é diferente em suas características físicas, constitucionais e relacionais, como veremos adiante. Juntam-se a essas particularidades, as características de personalidade dos pais, suas reações emocionais, bem como as condições de internação e o preparo da equipe que os recebe.

Pesquisas e tratamentos psicoterápicos tentam compreender as causas de ameaças de aborto e/ou partos prematuros sem causa orgânica. As autoras citadas no primeiro parágrafo trazem estudos em que se destacaram ansiedades relativas ao próprio corpo, à passagem de menina à mãe e vínculo simbiótico com a própria mãe na psicogênese dessas situações.

Em pacientes que acompanhei em psicoterapia, foram evidenciadas tensões e distúrbios emocionais dos mais diversos. As origens dessas tensões, como já discuti nos capítulos anteriores, são da ordem do subjetivo, da jornada consciente e inconsciente da gravidez, das questões familiares e sociais, bem como do contexto médico e suas "profecias".

Se uma mãe perdeu um filho antes da atual gravidez, tem grande probabilidade, devido à ansiedade, de querer ver se esse agora vai nascer e permanecer vivo, às vezes não suportando aguardar até a quadragésima semana. Em uma situação que acompanhei, o médico ultrassonografista tinha diagnosticado gravidez tubária, num primeiro exame, e depois retardo mental do bebê nas primeiras semanas. Mesmo tendo visto outro médico e feito outros exames, a ansiedade persecutória permaneceu, e a gestante teve seu filho na vigésima oitava semana, como para conferir se a profecia do primeiro médico se realizaria ou não; ansiedade que persistiu por longo tempo até a mãe comprovar que o desenvolvimento do filho era normal.

Além disso, pesquisas sobre o psiquismo do bebê na vida intrauterina tem presenteado a Psicologia Perinatal com as reações orgânicas e motoras do bebê, que funcionam como pactos – como a negação da gravidez por parte da mãe, quando o bebê se posiciona verticalmente ao longo da coluna vertebral para não aparecer no ventre materno –, ou formas de comunicação com a mãe; por exemplo, manifestar a sensação de não se sentir bem quisto nessa primeira morada – ameaças de aborto ou parto prematuro.

Psiquicamente, por maior que seja a ambivalência consciente ou inconsciente, o nascimento prematuro representa, para a mãe em especial, uma ruptura da organização narcísica e fusional com o bebê, constituindo-se numa situação potencialmente patogênica pela identificação materna com a debilidade da criança. Os pais de bebês prematuros também são prematuros.

A gravidez psíquica do pai e da mãe é interrompida, às vezes de forma traumática. Por mais que se possa identificar origens orgânicas, sociais e psicodinâmicas nos nascimentos precoces, os pais conscientemente são pegos de surpresa; são atropelados pela instabilidade, imprevisibilidade, e têm que se deparar com fatores de vulnerabilidade, tais como saúde frágil, desenvolvimento incompleto e possibilidade de morte do bebê, além da preocupação com suas condições futuras. A morte e a doença são sempre fantasmas presentes.

Algumas mães e pais se distanciam pelo medo de se apegar e o bebê morrer, o que, contraditoriamente, acaba dificultando seu desenvolvimento. Vivem a experiência de morte de outros bebês, e às vezes o sofrimento dos pais é tal que a morte parece ser uma opção desejada, por ser um meio de pôr fim a sofrimentos, tanto dos pais como dos bebês prematuros (SHERMAN; BRUM, 2012). E se ele sobreviver com muitas limitações?

Brazelton (1998) acrescenta à dificuldade de manter um vínculo com o bebê, intensos sentimentos de culpa conscientes e inconscientes, sejam eles justificados ou não, por ter trazido seu filho a essa situação perigosa. Os pais temem terem feito, ou deixado de fazer, alguma coisa durante a gestação que tenha afetado o bebê, contribuindo, de alguma forma, para a prematuridade.

Algumas mães querem fugir, esconder-se, proteger-se sob uma depressão, omitindo-se às vezes cuidar do bebê, e delegam essa responsabilidade aos "especialistas" das UTIs neonatais. A angústia aumenta quando não conseguem nomear o que sentem. Segundo Klaus, Kennel e Klaus (2000), as mães ansiosas temem ser criticadas por ter gerado um bebê incompleto ou imperfeito.

Depois da crise do nascimento, porém, persiste a simbiose psíquica da díade mãe-bebê que, apesar dos medos e defesas, facilita o desenvolvimento do bebê. A mãe gradativamente vai adaptando-se às necessidades do bebê. Em sua longa experiência de acompanhamento com pais de prematuros, Brazelton (1998) observou cinco estágios na construção do apego com o bebê, mesmo que ainda processando seu luto pelo filho "perfeito":

1. os pais se relacionam com o bebê por meio de informações médico-laboratoriais;
2. os pais se encorajam quando veem os profissionais da UTI se aproximarem do bebê e ele reagir de alguma forma;
3. os movimentos responsivos do bebê, observados pelos pais, vão transformando-o numa pessoa; mas ainda não se encorajam a manuseá-lo;
4. os pais tentam estimular movimentos de resposta no bebê, começando a sentir-se pais desse bebê;
5. os pais ousam pegar, segurar, balançar e alimentar seu filho, deixando de vê-lo como um "objeto amendrontador e frágil e a si mesmos como perigosos [...]" (BRAZELTON, 1998, p. 81).

Nesse sentido, o papel da equipe é muito relevante, quando consegue reconhecer esses pais empatizar com eles, validando o que sentem e de que necessitam, dando-lhes informações precisas sobre o bebê, conversando com eles.

INTERVENÇÕES COM OS PAIS

Há diferenças na interação pais-bebês prematuros dos bebês a termo. Sherman e Brum (2012) apontam que o processo de mutualidade comunicativa entre pais e bebês é afetado pelo comportamento particular do bebê prematuro, seu estado de saúde, os ajustamentos psicológicos dos pais e o ambiente da UTI. Salientam a importância da unidade do casal – quando houver casal –, do suporte da equipe interdisciplinar e da família, de uma rede de apoio para maternar e de fazer o *holding*, principalmente da mãe, desenvolvendo estratégias para ajudar a enfrentar o bebê real.

Psicologicamente, necessário se faz considerar fantasmas relacionados à competência, ao ideal de ego, às exigências do superego, ao narcisismo e aos mandatos transgeracionais dos pais, além de trabalhar memórias reativadas em sua biografia, experiências de separação. A intervenção precoce na relação diádica (mãe-bebê) e triádica (pais-bebê) é muito importante, preventiva e terapeuticamente. Somente o profundo desejo pelo filho e o "colo" das pessoas com as quais se relaciona podem ajudar a mãe restaurar sua placenta protetora simbólica. Segundo Winnicott (1978), o estado de preocupação materna primária é essencial para que mães e bebê prematuro possam continuar sua gestação psíquica e finalmente, seu nascimento psicológico.

Pensando na atuação do profissional de saúde mental na UTI neonatal, Krodi (2008, p. 123) afirma que, em relação aos sentimentos, incluindo os mais mortíferos e ambivalentes:

> [...] o psicanalista é aquele que cuida do que é capaz de dar sentido à vida do bebê na UTI, enquanto médicos e enfermeiros se ocupam da tarefa fundamental de sustentação orgânica do recém-nascido [...] Quando se dá lugar à palavra, acaba por emergir o que resulta insuportável e que, ao mesmo tempo, permeia todos os laços que se estabelecem.

O BEBÊ PREMATURO

O bebê, por sua vez, também sofre uma separação abrupta da mãe, sem oportunidade de estabelecer o *imprinting* – primeiras trocas de olhares entre mãe e bebê –, sem tempo para estar com ela, sendo colocado numa incubadora com estímulos diferentes dos que tinha no útero. Por isso, Brazelton (1998, p. 84) aponta que os bebês prematuros podem ficar exaustos, pois seus limiares para a assimilação de estímulos são facilmente ultrapassados: "assustam-se ou piscam a cada som, retraem-se a cada toque. Necessitam dormir, a fim de manter afastadas as luzes fortes [...] suportam um estímulo a cada vez e somente em uma esfera-audição, visão ou tato".

Essa ruptura precoce do vínculo mãe-feto e do desenvolvimento intrauterino, que constituem a prematuridade, pode resultar em impacto no desenvolvimento da criança e de suas capacidades cognitivas e sociais; distúrbios psicofuncionais no primeiro ano de vida: distúrbios digestivos, respiratórios de sono e de comportamento – mais lentos em relação à aquisição de percepções visuais e auditivas, motricidade, postura, motricidade fina e cognição –, que precisam de condições adaptadas do ambiente para serem minimizadas ou eliminadas.

Para Krodi (2008), a angústia na criança pode surgir como um produto do desamparo mental, o qual é um símile de seu desamparo biológico. A consequência disso é que a necessidade de ser amado acompanhará a criança pelo resto da vida.

AS VIVÊNCIAS NA UTI NEONATAL

Segundo Krodi (2008, p. 124-125), a UTI neonatal é um lugar de desamparo, onde

> [...] todos estão diante de dificuldades da vida, da absoluta falta de garantias e da certeza da própria finitude: a morte. É a ameaça sem nome que ronda a todos na unidade e que mantém um ambiente de expectativa ansiosa, de preparação para o pior [...] a instauração de uma situação traumática [...]. Perigo que pode ser de morte, de vida, de dor, da confirmação de um diagnóstico, de sequelas, de estragos e marcas no corpo e no psiquismo, perigo de não saber.

O bebê pode ser um colaborador ativo, capaz de se relacionar com seu ambiente, de orientação e de interesse social, com gestos faciais, aberturas de boca e dos movimentos da língua. Mesmo assim, o bebê prematuro necessita da ajuda dos pais, de seu contato físico e afetivo; as primeiras horas e dias são períodos sensíveis; quanto mais proteção e estímulos suaves, maiores as chances de desenvolvimento neurobiológico e psicológico significativos.

Segundo Sherman e Brum (2012), existem alguns procedimentos que auxiliam os pais e familiares no enfrentamento do luto e sensibilizam para o encontro com esse bebê não pensado e desconhecido:

1. permissão da entrada dos pais na UTI;

2. aplicação do método Mãe Canguru – método criado na Colômbia, como uma solução para a superpopulação de prematuros das enfermarias de prematuros e para o elevado índice de mortes. Constitui-se em contato pele a pele com o bebê, preferencialmente com a mãe, mas que também pode ser realizado com o pai e, na ausência desses, ou quando o bebê está mais fortalecido, com irmãos e avós, por exemplo. O bebê é colocado verticalmente entre os seios da mãe para minimizar problemas de choque e aspiração. A temperatura do corpo é mantida pelo calor da mãe ou pai, além de proporcionar ao bebê o estreitamento do vínculo pelo resgate do cheiro da mãe e do som de sua voz, o que se torna muito reconfortante. A mãe começa a experimentar afeto, a desenvolver seu senso materno, aumentando sua autoconfiança ao poder olhar seu filho e tocá-lo; e a produção do leite pode aumentar significativamente;

3. presença e envolvimento dos pais nos cuidados ao recém--nascido, o que tem como consequências a melhora no sono, menos atividade psicomotora e menos comportamento de estresse; menos falhas na respiração, mais ganho de peso e progresso em algumas áreas do funcionamento cerebral mediante estimulação tátil-cinestésica e planejamento de um cuidado individualizado, que pode, inclusive, reduzir o tempo de internação;

4. o profissional de saúde, baseado no Método Bick de observação, poderá atentar ao comportamento corporal do bebê e tentar colocar em palavras o que vê, bem como pode ocupar o lugar de continente das angústias e

ansiedades primitivas, auxiliando na comunicação pais-bebês, demonstrando que o bebê tem potencial de desenvolver vínculos. Poderá também atentar e demonstrar aos pais os sinais do bebê que denotam estar reagindo à presença, à voz deles, por exemplo, com a aceleração dos batimentos cardíacos ou movimentos corporais;

5. apoio psicológico aos pais individualmente, ou em grupo, tentando responder às necessidades específicas de cada díade ou tríade (mãe-pai/bebê);

6. treinamentos aos pais, promovendo informações sobre desenvolvimento, orientações sobre os cuidados, o que melhora a evolução da criança, como também as habilidades dos pais "para exercer a parentalidade diante da prematuridade e na transição do hospital para *casa*" e "estimular o toque afetivo, a conversar com o bebê, a colocar em palavras o que o bebê está tentando comunicar, a estimular a estimulação contingente" (SHERMAN; BRUM, 2012, p. 46 e 51);

7. acompanhamento das famílias em visitas domiciliares.

Outras técnicas, como colocar uma peça de roupa da mãe ou fralda com o cheiro de seu seio na incubadora, próximo ao bebê, permite-lhe sentir a mãe e reviver o ambiente intrauterino, dando-lhe uma sensação de continuidade. Da mesma forma, se a mãe tiver algo com o cheiro do bebê, poderá ter facilitada a "descida" do leite.

PONTOS DE VISTA DA EQUIPE

Nem sempre a presença dos pais e de outros profissionais que não os exclusivamente da equipe é bem-vinda! Embora, muitos procedimentos estejam sendo atualizados e dinamizados, ainda há temores, por parte das equipes, de serem avaliados e fiscalizados, atrapalhados em sua dinâmica de funcionamento pela presença dos pais. Mais recentemente, as equipes vêm reconhecendo a importância dos pais para favorecer a estabilidade clínica dos prematuros, bem como seu desenvolvimento e crescimento. Os profissionais das UTIs percebem as reações fisiológicas dos bebês aos pais, como alteração de batimentos cardíacos ou o ritmo respiratório, o que comprova sua percepção em relação aos pais, principalmente às mães.

Muitas vezes até os pais ajudam a equipe em momentos de emergência e urgência. Também não é incomum que pais e profissionais desenvolvam verdadeiras amizades e que bebês, outrora internados, visitem a UTI para mostrar à equipe como estão bem. Sempre que o trabalho envolve bebês, necessário se faz um eficiente acompanhamento psicológico da equipe para que não haja projeções e transferências dos profissionais da equipe em relação às mães ou aos pais dos bebês. Com muita facilidade, esses profissionais se identificam com os bebês e podem não compreender as angústias e possíveis dificuldades dos pais, "adotando" determinados bebês. Segundo Brazelton (1998), as enfermeiras e técnicas de enfermagem também se mostram ambivalentes em relação ao apego com bebês, mas à medida que os bebês começam a responder, elas sentem que valeu a pena o investimento. "Não é de admirar que se sintam tão competitivas quando os pais aparecem para levar os bebês ou simplesmente para vê-los" (1998, p. 79).

A equipe também necessita "aprender" a lidar com as angústias dos pais que surgem em termos de queixas sobre não se sentirem respeitados, considerados e participantes das decisões de sobre o tratamento do filho. Os profissionais precisam não só ajudar o bebê de alto risco a sobreviver, mas também ajudar os pais a criarem laços com os filhos.

A fragilidade dos bebês prematuros também desencadeia angústia nos médicos, embora tenham escolhido essa especialidade por razões pessoais, conscientes ou inconscientes. Formados para diagnosticar e curar, às vezes se veem impotentes diante da possibilidade da morte, como será apresentado no Capítulo 15 deste livro.

INDO PARA CASA COM UM BEBÊ PREMATURO

Para Brazelton (1998), as equipes de saúde das UTIs devem orientar os pais antes de irem para casa, evidenciando os comportamentos e reações positivas do bebê em primeiro lugar, fortalecendo-os, assim, para suportar ouvir as informações sobre problemas e possíveis deficiências dos bebês a serem tratadas. Em realidade, os bebês prematuros são frágeis, e esforços, como chorar, alimentar-se ou evacuar podem levá-lo ao estresse, podendo ficar apneicos.

Os pais precisam ser preparados para uma certa lentidão do bebê na apreensão e no desenvolvimento de capacidades. Depois de se recuperar, os prematuros, em geral, começam a ganhar peso, e os primeiros sorrisos animam os pais, embora a comparação dos progressos mais lentos de seu filho com os de outras pessoas seja inevitável. Por isso, grupos de mães são muito úteis para a inclusão em mundos semelhantes e para reduzirem a sensação de fracasso e incapacidade.

Por outro lado, a relação simbiótica de superproteção dos pais pode perdurar, e a criança pode não ter chance de se desenvolver em suas potencialidades. Algumas vezes, os pais não conseguem tolerar as frustrações e/ou não querem frustrar seus filhos e continuam a fazer tudo por ele, pela vida afora, empobrecendo suas chances de desenvolvimento de competências, limitando e sufocando a espontaneidade do bebê.

Brazelton (1998) relata a importância de cuidar a super e precoce estimulação do bebê e de dar tempo para que ele se manifeste espontaneamente. Quando a mãe do prematuro permanece imóvel na frente dele, pode observar seu filho "ganhar vida [...] ele começa a incentivá-la para obter respostas, dos modos mais criativos" (1998, p. 174). Da mesma forma, alerta para a necessidade de busca de ajuda o mais cedo possível, tanto para o bebê quanto para os pais, a fim de que a sensação de fracasso de todos não se perpetue.

QUANDO O BEBÊ NASCE COM MALFORMAÇÕES OU DEFICIÊNCIAS

Como tenho apontado até aqui, a parentalidade é considerada um momento de crise e transformações; e, tal qual as perdas e a prematuridade dos bebês, as deficiências ou malformações superpõem outra crise, a da ferida narcísica dos pais.

Freud, em *Uma Introdução ao Narcisismo* (1914), descreveu as expectativas dos pais em relação aos filhos: esses deverão realizar os desejos não cumpridos de seus pais e chegar a ser um grande homem, ou um herói, no lugar de seu pai ou, se for menina, uma princesa como sonhava sua mãe. Também deverão trazer a ilusão da imortalidade, revelando a ressureição dos sonhos infantis e onipotentes dos pais. Os pais costumam projetar nos filhos uma imagem de perfeição e o desejo de que sejam tão amados como foram ou gostariam de ter sido.

Mesmo no caso de crianças típicas, algumas dessas expectativas e sonhos não serão realizados; mas, quando os filhos nascem com determinadas síndromes ou limitações orgânicas, podem reatualizar "o deficiente da história dos pais, aquilo que faltou, em lugar de representar a possibilidade de reparação [...]" (OIBERMAN; GRISOLIA; SANTOS, 2005, p. 194). Assim, as crianças "que não são objeto de idealização, correm grave risco de abandono, de não terem espaço onde nascer e crescer, de sofrerem abandono afetivo, maus tratos, etc." (FRANCO, 2015, p. 58).

Da mesma forma que, com crianças prematuras, os pais precisam passar inicialmente por um processo de luto para poder aceitar esse filho como ele é, muitas vezes desconhecendo-o, rejeitando-o e sentindo-o como não sendo o "seu filho", quase um estranho. Já citei as fases constituintes do luto no Capítulo 10; mas, na situação dos filhos com deficiências, existem algumas especificidades, conforme lembram Oiberman e Grisolia (2005):

1- fase do choque: comoção e incredulidade: os pais falam da criança como se não fosse seu filho e podem mostrar certo desapego, como se estivessem vivendo um pesadelo. É a sensação de morte do filho idealizado, e não é incomum ouvir depoimentos de mães e pais que revelam terem chorado horas e dias seguidos, depois da notícia;

2- fase da negação: incredulidade a respeito do diagnóstico, busca de resgate do filho normal, peregrinação por diversos especialistas. Um comportamento dos pais atuais é a busca de informações na internet, uma defesa contra o desconhecimento da deficiência e de seu filho "intruso" e busca por "soluções";

3- fase da desesperança: lento reconhecimento da realidade, frustração e alguma desorganização e confusão;

4- fase da reorganização: elaboração do luto, lento processo de enfrentamento da realidade e abandono gradual da ilusão da reversibilidade do diagnóstico e prognóstico do seu filho.

Várias são as emoções dos pais no momento do diagnóstico e que podem persistir ao longo da vida: tristeza, ansiedade, forte ambivalência, revolta, solidão e desamparo. Alguns pais oscilam e, às vezes, revezam-se entre os comportamentos de superproteção e distanciamento afetivo, pelo medo de que os filhos morram, ou por não querer vê-los sofrer.

Como as deficiências e malformações não são doenças temporárias, mas uma forma de ser da criança, marcam não só os pais, mas também toda a família. Há pais que se preocupam e temem ser desqualificados ou rejeitados por intermédio do filho; que o filho deficiente não encontre lugar na família maior (avós, tios, primos), nem na escola, nem na sociedade. A título de ilustração, atendo uma gestante, cujo bebê não tem todos os dedinhos de uma mão. Ela está muito ansiosa para vê-lo e descobrir se essa é a única deficiência, ou se existem outras, e já se angustia pensando que seu filho pode sofrer *bullying* entre amigos, vizinhos e colegas de escola. Certa vez ela disse que essas coisas só acontecem com ela, porque ela é "toda errada", o que nos deu oportunidade de trabalhar essa autoimagem, as projeções e identificações inconscientes com o bebê.

As reações emocionais dos pais são subjetivas, de acordo com a história pessoal de cada um deles, dos valores e expectativas familiares. Por exemplo, conheci um casal que teve um filho com Síndrome de Down. Ambos os pais passaram por todos momentos anteriormente descritos e outros mais, mas, ao longo do tempo, as reações individuais de pai e mãe foram se diferenciando. A mãe, uma mulher culta e intelectual, cujo valor familiar maior era a inteligência, sofria muito, sentia-se fracassada. No entanto, foi muito auxiliada e confortada pelo marido, que tinha tido um irmão mais moço com deficiência auditiva que precisou de adaptações e ajuda da família para levar uma vida tranquila.

Quando a relação do casal é sólida, quando há um forte vínculo e parceria, fica mais leve o enfrentamento das transformações que um filho com deficiências requer. De outra forma, não é incomum a desestabilização do casal, surgindo às vezes culpabilizações e cobranças mútuas, conscientes e inconscientes. Atenção e explicitação do que se passa também são requeridas em relação aos irmãos das crianças com deficiência. Alguns irmãos apresentam culpas ou receios de se tornar igual à criança deficiente, quando não têm as informações corretas sobre o que acomete o irmão.

Há estudos que demonstram diferenças nas reações emocionais também quando a deficiência dos filhos é visível ou não. Por muito tempo, as crianças com Síndrome de Down e outros problemas físicos visíveis, como dificuldade de locomoção ou motoras em geral, por exemplo, ficavam escondidas em casa sem conviver, ou serem expostas a visitas e, até mesmo, a familiares. Essas atitudes hoje são bem mais raras, mas ainda existem.

INTERVENÇÕES

O momento da notícia geralmente é impactante, quer seja durante um ultrassom, quer seja após o nascimento do bebê. Embora as reações sejam muito subjetivas, geralmente a notícia costuma ser um momento delicado e, às vezes, dramático. Pode haver choro, grito, xingamentos, explosões, ou pesados e intermináveis silêncios. Nessa ocasião, a atitude de quem dá a notícia deve ser firme e clara, mas respeitosa e sem julgamentos, nem opiniões pessoais, muito menos comparações ou exemplos.

Dentro das equipes não treinadas para isso, fica o receio de falar, de como falar e o medo de não saber lidar com as reações. Já ouvi histórias em que o médico chorou silenciosamente junto aos pais e abraçou a mãe. E tudo bem! Os médicos são pessoas capazes de empatia, como qualquer ser humano. Porém há aqueles não preparados que se defendem por detrás de uma aparente frieza e neutralidade. Não estou dizendo que os profissionais encarregados da notícia devem chorar sempre, mas respeitarem seus sentimentos e os dos pais, sem intrusões. Responder ao que for perguntado, sem estimular pânico nem minimizar o sofrimento do casal e familiares. Uma postura humana e ética.

Quando a luta interna é muito grande, não raramente um ou ambos os pais passam a apresentar sintomas psíquicos ou somáticos. Daí, a necessidade de uma forte rede de apoio e de acompanhamento psicológico. O acompanhamento do luto dos pais e dos primeiros meses do bebê é momento essencial para uma intervenção psicológica. A importância desse espaço de fala e escuta qualificada, livre de julgamentos e intromissões, auxilia os pais, ou cada um individualmente, a ressignificarem seus papéis de pai e mãe, a acolher seu sofrimento psíquico, a aliviar e esclarecer sentimentos de culpa (se existirem), a desafiar tabus e preconceitos, a incentivá-los a assumir as responsabilidades a mais e a se adequarem aos limites impostos pela realidade da convivência com o filho. E, em função disso, aumentar o apego à criança, podendo se relacionar com o filho real.

Amparar os pais é fundamental para que possam amparar seus filhos, pois, apesar de apresentarem dificuldades e limitações, tais como alterações cognitivas, desenvolvimento motor mais lento, dificuldades de linguagem, às vezes associadas a outras dificuldades (respiratórias, cardíacas gástricas etc.), as crianças com síndromes e deficiências também precisam ser "narcisadas", amadas e aceitas do jeito que elas são. Toda criança se vê e desenvolve uma identidade em função da forma como outros a veem, principalmente a família.

A autoimagem da criança poderá fazer com que fique mais retraída e/ou ter mais dificuldades de desenvolvimento. Relevante se faz, então, a valorização de seus potenciais e a aceitação de seus limites, relacionar-se com a criança, e não com a deficiência. Oiberman, Grisolia e Santos (2005) afirmam que o curso e desenvolvimento das crianças com diversos tipos e níveis de deficiências depende de cada uma, de sua história e da atenção médica, psicológica e de reabilitação recebida.

As referidas autoras questionam a atenção exclusiva ao que não funciona, confrontando as crianças com suas impossibilidades, quando se reduz o olhar ao puramente orgânico. Nesse sentido, recomendam, assim como Franco (2015), proporcionar intervenções em que a subjetividade seja garantida, encorajando também os pais a enfrentarem suas dificuldades como pais.

Franco (2015) desenvolveu uma modalidade de Intervenção Precoce, na qual a família é vista como um todo indissociável, principal promotora do desenvolvimento, mais do que qualquer contexto ou fator. Para esse autor, as equipes esquecem que o melhor "tratamento" das crianças com algum tipo de dificuldade é a capacidade dos pais de interagirem de forma responsiva, envolvida e empenhada às situações.

> Num modelo de serviços centrado na família os pais têm um papel fundamental e, por isso, em primeiro lugar há que se cuidar do seu bem estar e, em segundo lugar, temos que criar condições para que, através das interações com seus filhos, possam promover neles o máximo de desenvolvimento (FRANCO, 20015, p. 53-54).

Nesse tipo de serviço sugerido por Franco, a "estimulação" passa a ser secundária à interação, à atenção, às comunicações da criança e à demonstração de afeto.

REFERÊNCIAS

BRAZELTON, T. B. **O desenvolvimento do apego:** uma família em formação. Tradução de Dayse Batista. Porto Alegre: Editora Artes Médicas, 1998.

FRANCO, V. **Introdução à Intervenção Precoce no desenvolvimento da criança.** Lisboa: Edições Aloendro, 2015.

FREUD, S. (1914). Uma introdução ao Narcisismo. Tradução de Jayme Salomão. *In*: FREUD, S. **Obras Completas.** Rio de Janeiro: Imago Editora, 1976.

KRODI, P. Cuidados paliativos em neonatologia: à escuta do indizível. *In*: KUPFER, M. C. M.; TEPERMAN, D. (org.). **O que os bebês provocam nos psicanalistas.** São Paulo: Editora Escuta, 2008.

OIBEMAN, A.; GRISOLIA, E.; SANTOS, M. S. El lado obscuro de la maternidade. *In*: OIBEMAN, A. (org.) **Nascer y después... Aportes de la Psicologia** Perinatal (Nascer e depois... Conceitos da Psicologia Perinatal). Buenos Aires: JCE Ediciones, 2005.

PINTO, E. B. A criança prematura: implicações da parentalidade. *In*: SILVA, M. C. P.; SOLIS-PONTON, L. **Ser pai, ser mãe, parentalidade:** um desfio para o terceiro milênio. São Paulo: Casa do Psicólogo, 2004.

SHERMAN, L. B.; BRUM, E. H. M. Parentalidade no contexto do nascimento pré-termo. *In*: PICCININI, C. A.; ALVARENGA, P. **Maternidade e Paternidade:** a parentalidade em diferentes contextos. São Paulo: Casa do Psicólogo, 2012.

CAPÍTULO 13

O LUGAR DO PAI

O amor do pai é uma estrela guia!
(Autor desconhecido)

Nos capítulos anteriores, já havia citado o pai em diferentes contextos. Embora a figura paterna possa ter parecido secundária, na verdade tem um lugar extremamente relevante, pois o homem também tem sua personalidade modificada pela paternidade, participa nas alterações da dinâmica conjugal e é parte significativa na formação do psiquismo do bebê. Neste capítulo, abordarei alguns aspectos históricos e culturais envolvendo o papel do pai, desde a gestação até o puerpério, a relevância do contexto conjugal e familiar, o que acontece psiquicamente quando um homem se torna pai, a psicodinâmica das reações emocionais paternas e, por fim, a função paterna do ponto de vista psicanalítico que justifica a frase de abertura.

ALGUNS ASPECTOS HISTÓRICOS E CULTURAIS

No início da humanidade, segundo estudos antropológicos, o homem desconhecia sua participação na procriação, sendo a maternidade considerada um poder especial pertencente às mulheres. A partir da descoberta de que as mulheres precisavam dos homens biologicamente para ter filhos, a organização dos grupos humanos foi se refazendo, com os homens exercendo maior controle sobre "suas" mulheres, também como forma de garantir que a "sua" prole auxiliasse na produção agrícola.

Os momentos históricos, as crenças e as diferentes representações sociais, nas diferentes culturas, determinam o papel do pai e quem vai exercê-lo. Nessa imensa gama de culturas pesquisadas, segundo Parseval (1986), podem ser considerados pais: o pai biológico, os avós maternos, tios maternos, tios paternos, o marido atual da mãe, vários homens que contribuem com o crescimento da criança por meio do sêmen, o pai adotivo, aquele que reconhece a criança legal e ritualmente, um ancião considerado impotente, uma mulher estéril, Deus, entre outros ou qualquer figura masculina, ou feminina, que exerce a função paterna.

No norte do Brasil, segundo a lenda, até mesmo ao boto cor de rosa pode ser atribuída a paternidade de uma criança. Na sociedade ocidental, antes dos exames de DNA, havia um dogma citado em litígios, ou em situações jocosas e irônicas, que todos sabiam, sem dúvidas, quem era a mãe da criança; já quanto ao pai, havia sempre dúvida.

O modelo familiar do começo do século XX era o nuclear, constituído de mãe, pai e filhos atribuindo ao pai, em geral, a função do trabalho rentável para prover a família e à mãe os cuidados da casa e dos filhos. Observava-se também determinados estereótipos, tais como a presença constante da mãe (pelo menos fisicamente) e ausência do pai, crianças como assunto de mulheres, além da ideia de que a única parte referente ao pai era a concepção. Já na gravidez, no parto e no puerpério, o que lhe cabia era uma participação em "quantidade insignificante" (PARSEVAL, 1986). A mulher era definida por seu papel procriativo e maternal, enquanto o homem buscava identidades masculinas, em contraposição à maternidade feminina, podendo sentir-se, até mesmo, um intruso entre as mulheres nas questões relativas ao filho por chegar ou recém-nascido.

Na contemporaneidade, o aumento da presença da mulher no campo de trabalho, nos estudos e nas universidades modificou a cena doméstica, exigindo uma reestruturação familiar, uma reorganização das funções tradicionais. "Essa alteração na dinâmica das famílias tem feito o homem repensar seu papel de pai, analisar a forma como foi criado por seus próprios pais e manter ou refutar valores e condutas" (BOLZE; CREPALDI, 2015, p. 34). Segundo Raphael-Leff (1997, p. 56), "os pais estão tendo que se comprometer em atividades maternais para ganhar a posição paternal. Agir como pai, bem como mãe, está se tornando uma atividade contínua."

CONTEXTO FAMILIAR E CONJUGAL

Na contemporaneidade, o companheiro é apontado como figura fundamental para a mulher em termos de suporte emocional na Perinatalidade. A participação ativa do homem nas relações paterno-filiais permite que pai e mãe possam exercer com mais plenitude e menos angústia suas funções. Do contrário, conflitos podem surgir, sendo a ausência paterna ou a distância afetiva apontadas, inclusive, como um dos principais motivos de depressão pós-parto materna (MORAES, 2010), a qual tem consequências nefastas na relação da mãe com o bebê.

Além desse papel de auxiliar da mãe, Bolze e Crepaldi (2015) descrevem que, em termos familiares, às funções do pai, que tradicionalmente eram de provedor e impositor de disciplina, nos dias atuais, acrescentam-se a educação e o cuidado dos filhos, ocasionando descontinuidades geracionais.

Apesar da mudança de expectativas funcionais em relação ao pai, as referidas autoras também ressaltam que o contexto familiar é fundamental na determinação do engajamento paterno, dependendo das características das mães, da criança e da relação conjugal. Pesquisas e depoimentos de pais apontam que o comportamento das mães pode promover ou impedir maior participação dos pais na vida dos filhos. Há mães que, devido a suas relações familiares, memórias e sentimentos infantis conscientes e inconscientes, não acreditam na capacidade dos pais, desqualificando suas iniciativas, competindo com eles e, assim, desmotivando-os.

Ao contrário do que apontam alguns estudos feministas que denunciam evasão intencional dos homens em suas responsabilidades nesse período, Parseval (1986) questiona e tenta compreender certa exclusão do homem nas vivências parentais ou participações apenas eventuais e ritualísticas em diferentes culturas. Por exemplo, linguisticamente, ao contrário do que acontece com as mulheres, o que ainda chama a atenção do autor citado é que não há uma palavra para designar homem grávido, ou pais de um ou mais filhos na maioria dos idiomas, nem na linguagem médica.

A decisão de ter um filho nem sempre é consciente e consensual num casal, como vimos no Capítulo 2. Desde a decisão de ter um filho, a dinâmica do casal interfere e, conforme Roig (1993), a atitude tomada pelo homem nesse momento pode ser um prenúncio de como exercerá a paternidade. Esse autor cita duas posições masculinas diametralmente opostas: na primeira, o homem demonstra muito respeito à decisão de engravidar da mulher, mas pouca implicação – "se tu queres, tu sabes o que te espera..." – e, na extremidade oposta, uma atitude contundente e machista que pode se manifestar mais sutil ou ostensiva de exigência e expectativa de que a mulher "lhe dê um filho".

Roig (1993) defende as capacidades afetivas e vinculares do homem que deseja uma experiência livre e, ao mesmo tempo, comprometida, não como obrigação ou como forma de agradar a companheira, mas como "uma maneira de resgatar o homem da ferocidade produtiva, de reencontrar sua capacidade de ternura, para a comunicação simbólica e para encontrar o lado especificamente humano de sua realidade pessoal. Mais um privilégio que um dever" (1993, p. 240). O exercício da paternidade, então, pode resultar em benefício para o homem, para o casal e para os filhos, pois a paternidade tem características próprias e específicas, diferentes da maternidade e em diferentes momentos.

A mãe vivencia visceralmente seu filho desde os primeiros sintomas da gravidez, e o pai permanece num plano diferente. A gravidez do homem se passa na cabeça (em hipóteses, ilusões e fantasias). Contudo, o homem pode participar e se aproximar do filho desde a gravidez, desejando-o, idealizando-o, conhecendo-o por intermédio da mãe, percebendo e até provocando seus movimentos ao falar com ele.

Já no parto, o homem em geral funciona "como espectador; apesar de participar com sua presença e seu suporte afetivo, não intervém no processo de desdobramento de vidas que supõe o nascimento" (ROIG, 1993, p. 242). Alguns homens vão achar emocionante, outros angustiante, "ter" que assistir ao parto. Outros, ainda, vão se arrepender de não terem participado. É um momento que pode despertar temor, por se sentir secundário na vida da mulher, culpa, por ter feito com que ela passasse por essa dolorida experiência, desamparo, medo de não aguentar e falhar no seu lugar de protetor da mulher.

De acordo com Raphael-Leff (1997), quando o marido solicita não participar do parto, deve ser respeitado se essa foi uma decisão consciente ou baseada em sua história pessoal. Os desmaios dos homens nas salas de parto, muitas vezes, ridicularizados, são uma manifestação repressiva de ansiedades insuportáveis. Por outro lado, é sabido que a vinculação com o bebê pode ser intensificada após assistir ao parto, quer seja normal ou cesariano

No início de sua vida, o filho necessita mais de sua mãe, mas o pai pode sentir muito prazer em cuidar dele, mesmo que sua relação seja ainda mediada pela mãe, como na gravidez. Há homens que manifestam conscientemente inveja de as mulheres poderem amamentar, por exemplo. Outros vivem esse processo mais inconscientemente. Há homens que valorizam suas companheiras por seus esforços em se acostumar com esse pequeno estranho, e há outros que assumem atitudes evitativas ou competitivas, conforme suas histórias de vida, como veremos adiante. De qualquer modo, sua forma de cuidar, brincar e se relacionar com o filho vai se delineando diferentemente da mãe e conquistando seu espaço no psiquismo do bebê.

O PSIQUISMO PATERNO

Tal qual a maternidade, a paternidade não é um fenômeno natural. Tal qual a mulher ao tornar-se mãe, o homem vivencia sua paternidade de acordo com sua história como filho, com as precoces relações objetais estabelecidas com os pais, com o desenvolvimento de personalidade neurótica, narcísica, psicótica ou perversa, com os bons e maus modelos de identificação que interiorizou ao longo da vida, com traumas vividos, tais como abandonos, abusos sexuais e violências e com a transmissão transgeracional em sua família.

Em termos de dinâmica familiar, observa-se a questão da mudança de papéis no sistema, que antes era somente um subsistema conjugal, sobrepondo funções parentais. Isso quando chega o primeiro filho. Mesmo depois com o segundo, sempre há uma mudança no sistema, já que há um "novo elemento", constituindo o subsistema "fraterno".

Embora muitas fantasias e sentimentos sejam inconscientes, como a vivência do complexo edípico, alguns resquícios se tornam conscientes pelo que Lebovici (2004) denominou "transbordamento psíquico" do bebê que ele foi um dia. Em função desse transbordamento, costumam haver projeções da própria mãe na esposa que se tornou mãe e dele próprio no filho, provocando conflitos e possíveis separações dos casais, ou favorecendo a relação pai-mãe-bebê.

Intrapsiquicamente, esperar e ter um filho ativa no homem a reavaliação do passado como criança, de suas fantasias e frustrações edípicas de dar um filho à própria mãe, misturadas a sentimentos de rivalidade com o pai, medo de retaliação superegoica. Também são revividas mágoas em relação a como se sentiu recebido e cuidado pela mãe no início da vida, bem como intensos ciúmes de irmãos que nasceram depois dele. Além disso, Raphael-Leff (1997) cita uma pesquisa realizada no Instituto de Psiquiatria de Londres, a qual confirmou o relacionamento do pai com seu próprio pai como fator muito importante no desenvolvimento de doenças mentais no homem após o nascimento do filho.

Assim, a paternidade é fortemente marcada pelos conflitos intrapsíquicos e fantasmas parentais, podendo ser exercida de forma criativa ou sintomática, tendo a função de transmitir a história transgeracional às gerações futuras, ou de repetir sintomaticamente os segredos e conflitos passados (LEBOVICI, 2004). Para alguns pais, comenta Raphael-Leff (1997, p. 60),

> [...] a comprovação pública de virilidade afeta hábitos de vida inteira em relação à figura paterna, liberando a criatividade bloqueada, que foi reprimida em deferência à autoridade, ou acabando com padrões de arrogante rebeldia, conforme o homem torna-se capaz de tolerar incerteza e ambivalência.

O vínculo com o filho, nesse sentido, pode ser terapêutico para o pai que consegue compreender e elaborar suas dificuldades. Outros não têm essa capacidade de alcançar uma frutífera reconciliação com a imagem proibitiva do pai e passam a desenvolver sintomas, como será visto adiante. Caso isso não aconteça, importante se faz a busca de ajuda terapêutica para a vivência plena da paternidade.

Como exemplo, apresento um caso de minha prática clínica no Instituto Pais-Bebês. Atendi um casal que passou a se desentender intensamente após o nascimento de seu filho desejado e planejado. Na época, o menino contava com 5 meses, e vinham à sessão o bebê, a mãe e o pai. A queixa da mãe era que se sentia constantemente vigiada e criticada pelo marido em relação aos cuidados com o filho. Se esquecesse a toca do bebê em casa em um dia que "poderia" se tornar ventoso, por exemplo, iniciava-se uma série de críticas e julgamentos. O bebê estava bem fisicamente, embora parecendo ansioso e agitado. O pai se tornava cada vez mais controlador, e a mãe se sentia cada vez mais desqualificada, chegando ao extremo de bater em seu próprio rosto por ansiedade e infelicidade.

Na terceira sessão, solicitei que contassem a história de suas vidas, e ficaram muito claras as projeções recíprocas: ela percebia nele as críticas e exigências que sua mãe sempre fizera em relação a ela. Ele, por sua vez, via nela uma negligência inexistente, mas que salientava em cada pequena falha da esposa. Quando o pai começou a relatar que é filho de um encontro casual entre sua mãe e seu pai, que foi extremamente rejeitado, que o pai nunca o assumiu como filho, nem falou com ele, embora morassem muito próximos e um soubesse do outro, e que sua mãe o entregou para sua avó materna, começou a chorar compulsivamente na sessão. Pude mostrar aos dois as projeções recíprocas que estavam prejudicando um juízo real e a perda de uma parceria anteriormente existente entre o casal que começou a se observar melhor.

O mais lindo desse caso foi a reação do bebê que, quase sempre se mostrava calmo, mas muito atento nas sessões, começou a gritar ao ver o pai chorar, emitindo um inusitado e insistente "ai", parecendo chamar "pai" e que só cessou quando o pai lhe ofereceu a mão, que pegou com suas duas mãozinhas. Expliquei a ele e aos pais que ele entendia o que estava acontecendo. De alguma forma, ele estava retribuindo a preocupação do pai com ele, depois de o pai dizer que não queria que o filho passasse pelo que ele passou.

PSICODINÂMICA DAS REAÇÕES EMOCIONAIS PATERNAS

Como foi explicitado ao longo deste capítulo, o nascimento do filho pode desencadear emoções e comportamentos reativos a traumas, inseguranças e conflitos infantis. As reações podem ser entendidas como tentativas de acomodação e adaptação à nova realidade, tendo caráter único devido à subjetividade de cada pai.

A esse arranjo defensivo por parte dos homens, alguns autores, dentre eles Maldonado (2005), Parseval (1986) e Raphael-Leff (1997), denominam "resguardo ritual" ou "síndrome de couvade", lembrando condutas de homens em povos mais primitivos. Nesses, os companheiros das mães que pariam é que descansavam em redes, recebiam visitas, cuidados e presentes e, eventualmente, cuidavam dos bebês, enquanto as mulheres voltavam às atividades produtivas. Considerado um rito de passagem, o *resguardo ritual* consiste na substituição simbólica da mãe pelo pai, na busca da legitimação por parte do pai de seus direitos de paternidade, podendo as formas variarem de acordo com crenças religiosas e diferenças culturais.

> Além de proporcionar um escape emocional para os confusos sentimentos dos homens, num nível intrapsíquico, o resguardo ritual é também uma forma de identificação inconsciente com ambos: mulher e feto, possibilitando ao homem desviar sua rivalidade em ambivalência por meio da criatividade e para ganhar simpatia, despertando atenção do público (RAPHAEL-LEFF, 1997, p. 57).

Esse resguardo costuma ser mais frequente e mais intenso entre os pais do primeiro filho. Pode ser negado ou não percebido pelo homem.

Na etiogenia dessas reações emocionais, estão várias hipóteses:
- conflitos em relação à esposa-mãe: inveja das capacidades de engravidar, parir e amamentar; ciúme diante da capacidade criativa, do prazer e do mistério da maternidade (o corpo da mãe é sempre um mistério);

- conflitos em relação à criança nascida ou para nascer: ambivalência; revivência inconsciente de conflitos com irmãos; "engavetamento de gerações", ou seja, o pai ora se vê como pai, ora como filho; ora trata a criança como filho, ora como irmão; ora trata a mulher como esposa, ora como mãe. Não é incomum que casais que tiveram o filho comecem a se chamar um ao outro de pai, paizinho, mãe, mãezinha, confirmando essa confusão de papéis;
- conflitos com o próprio pai: pela transgressão edípica, desafiando a autoridade paterna, o homem torna-se pai como o pai, o homem passa a sentir receio de represálias. Sentimentos inconscientes de culpa podem levar a ferimentos e acidentes, como castração inconscientemente autoimpingida;
- conflitos em relação ao obstetra e/ou ao pediatra: repetição da situação triangular; ciúmes. Bastante comum atualmente, por exemplo, nas situações de Reprodução Assistida, em que o médico tem participação ativa na fecundação, alguns pais se sentem excluídos no triângulo, repetindo a situação edípica, em que o menino tem que elaborar sua não importância para o casal que "faz" o filho, ficando à parte (na fantasia, obviamente);
- conflitos em relação a si mesmos: resultantes da regressão à sua história, conflitos familiares, pontos de fixação e identificações; baixa autoestima.

MANIFESTAÇÕES PATERNAS DOS CONFLITOS

De acordo com a estrutura de personalidade, os homens podem manifestar seus conflitos de forma mais amena e temporária ou mais intensa e patológica, como segue:
- sintomas psicossomáticos: desde a gravidez, e depois que o bebê nasce também, os homens podem apresentar perturbações digestivas (náuseas, vômitos, diarreia), aumento de peso e do abdômen, dores de cabeça e nas costas, extrações dentárias (muitas vezes simbolizando o parto), perturbações otorrinolaringológicas. Por exemplo, conheci um pai muito preocupado e cuidadoso com a gravidez de sua mulher – que já tinham decidido que seria a única – que não queria ir a um baile para o qual haviam sido convidados. A esposa dele estava se sentindo bem e insistiu em ir ao encontro

de amigos, com os quais se divertiu e dançou naturalmente. Ele pedia que ela sentasse e descansasse. Algum tempo depois, tiveram que ir embora, pois ele estava muito pálido, com uma dor muito forte nas costas que praticamente o impossibilitava de se mover. Conseguiu, inconscientemente, que sua esposa fosse para casa descansar e que seu bebê continuasse bem. Se haviam outras motivações para essa reação, não se pode saber; apenas notei o comportamento manifesto. Nessas situações mais comuns e leves, o homem parece estar tentando se comunicar, ou demonstrando algo que não consegue falar, manifestando por meio do corpo suas dificuldades e temores com a nova situação;

- atuações paternas: as atuações (*actings*) são ações que substituem emoções e palavras. Os homens podem atuar de acordo com sua personalidade e a qualidade da relação do casal. Esses comportamentos podem ir do corriqueiro ao aberrante, por exemplo, de uma queda em que quebra um braço ou uma perna até um grave acidente de carro. Os homens podem passar a usar álcool em demasia (a chegar "mamados" em casa); podem "desaparecer", entregando-se a uma hiperatividade esportiva, ao trabalho frenético, a cursos fora da cidade, a casos extraconjugais. Na sexualidade podem apresentar inibição sexual pela dissociação da figura mãe-mulher ou apresentar *actings* sexuais desviantes, apresentar personalidade mais regressiva. Todas essas situações denunciam dificuldades emocionais graves e falta de condições egoicas de elaborar as perdas e os ganhos de se tornar pai. Nessas situações o homem demonstra ter uma personalidade dependente e regressiva, mas também narcísica, não suportando ser "suplantado" pelo bebê e pela companheira na busca pela atenção alheia;

- depressão e psicose pós-parto: podem ser desencadeadas, na maioria das vezes, perto do parto, ou logo após o nascimento pela revivência de conflitos e fantasmas da infância ou tendência histórico-familiar. Na depressão sobressaem os sentimentos de impotência, rejeição, exclusão, mágoas e raivas reprimidas nos mais diversos graus, como pode acontecer na psicodinâmica dos quadros depressivos. Nas psicoses, como acontece com as mulheres, os delírios e as alucinações se referem ao nascimento do bebê, tais como: o homem negar a sua paternidade, acusando a mulher de traição pelo pecado de ter concebido um filho, pode não se conscientizar que tem um filho, desenvolver sintomas graves, necessitando de internação, pode apresentar delírio de ele próprio estar grávido, exacerbação do estado emocional de dependência da mulher, a ponto de vivenciar o bebê como rival e outras tantas manifestações paranoicas possíveis.

FUNÇÃO PATERNA PSICANALÍTICA

Até aqui, descrevi sobre o contexto familiar e conjugal, o psiquismo e as reações patológicas dos homens. O pai é muito mais que um auxiliar da mãe. Ele tem funções fundamentais idealmente determinadas.

Assegurar estabilidade e segurança à mãe nas árduas e estafantes tarefas de promover o desenvolvimento dos filhos. Por isso, dentro da concepção da trangeracionalidade, é importante saber o que o pai pode estar repetindo, ou inovando, em relação ao vínculo com o próprio pai e com a própria mãe. Segundo Mahler (1982), a presença física e afetiva do pai é de fundamental importância no processo de separação-individuação referente à díade mãe-bebê.

Os estudos de Winnicott, citados por Ferreira e Vaisberg (2006), confirmam que a presença e participação do pai nos cuidados com o bebê dependem de como a mãe vivencia isso. Nesse sentido, "é fundamental que o pai seja verdadeiramente importante para a mãe, num sentido dramático e existencial, permitindo o estabelecimento mãe-filho saudável. O pai não 'duplica' o papel materno, mas aparece inscrito num processo de diferenciação da alteridade" (FERRERIRA; AIELLO-VAISBERG, 2006, p. 138). Ou seja, o pai tem que ter um lugar no desejo da mãe.

Só assim, o pai poderá ser uma "estrela guia" para o filho, conquistando-o com seu afeto, interagindo afetivamente com ele, brincando de forma específica, diferente das brincadeiras da mãe. Em geral, a mãe é mais protetora, e o pai tende a proporcionar brincadeiras que envolvem contato físico, como jogar para cima, correr, competir, que contribuem com a educação e o ensino de valores aos filhos, apresentando desafios e novidades no mundo externo, "o que favorece que a criança, ao se deparar com o desconhecido, desenvolva-se melhor cognitivamente" (BOLZE; CREPALDI, 2015). O pai guia o filho para o exterior, para longe, apresentando-lhe o mundo de forma distinta da mãe.

Conforme amplamente definido pela psicanálise, o pai tem participação essencial na resolução exitosa ou patológica do Complexo de Édipo, em que deve entrar como terceiro, quebrando a simbiose mãe-filho, frustrando as fantasias sexuais das crianças em relação à mãe, trazendo o limite e a ordem cultural contra o incesto, proporcionando a formação do Superego. Dependendo de sua participação ativa ou omissa, é que vão se estruturar as deferentes personalidades dos filhos, a serem confirmadas na adolescência, após a revivência do complexo edípico.

Embora tenha uma leitura muito própria sobre a função paterna, Lacan (*apud* ZIMERMAN, 2001) confirma que o pai, como terceiro, impõe um caráter normativo e delimitador entre mãe e criança, facilitando a passagem de Narciso a Édipo, do princípio prazer-desprazer para o princípio da realidade, ou seja, a passagem dos níveis real e imaginário para o simbólico. Em outras palavras, "Lacan mostrou que o Édipo freudiano, podia ser pensado como uma passagem da natureza para a cultura" (ZIMERMAN, 2001, p. 291), exercendo uma função simbólica, ou seja, ele encarna a lei (Lei-do-Pai), essencialmente por meio da linguagem. "Dessa forma, o filho incorpora o pai como significante da lei, também chamado por Lacan de função do pai, função do pai simbólico, metáfora paterna e por fim Nome-do-Pai" (ZIMERMAN, 2001, p. 291-292). Nesse sentido, essa função paterna pode ser exercida por qualquer pessoa, não necessariamente o pai biológico.

Como outros autores que se dedicam a compreender a posição familiar atual do pai, Ferreira e Aiello-Vaisberg (2006), Parseval (1986) e Roig (1993) questionam o modelo de devoção às crianças, como sendo exclusivo das mulheres e mães biológicas, lembrando, entre outras, a questão do mito do amor materno descrito por Badinter (1985). Apesar de reconhecerem a relevância do primeiro vínculo com a mãe, acreditam no meio ambiente dedicado e facilitador, a partir do cuidado espontâneo, de um devotamento não baseado em exigências e deveres, mas na disponibilidade humana para o cuidado, sem dúvida, incluindo os homens.

Concluindo, um bebê que tem um pai consciente de suas dificuldades e facilidades e que exerce sua importante função tem mais chances de desenvolver uma personalidade mais saudável. Além dos benefícios óbvios para os filhos, os homens que se tornam pais têm a possibilidade de elaboração de conflitos infantis, a oportunidade de refazer e reparar relações antigas, oportunidade de desenvolver identificações positivas com os próprios pais, a chance de amadurecimento e crescimento emocional, bem como o enriquecimento da vida do casal.

REFERÊNCIAS

BADINTER, E. **Um amor conquistado:** o mito do amor materno. Rio de Janeiro: Nova Fronteira, 1985.

BOLZE, S. D. A.; CREPALDI, M. A. O pai e seus relacionamentos familiares: uma perspectiva intergeracional. *In*: GOETZ, E. R.; VIEIRA, M. L. (org.) **O novo pai.** Curitiba: Editorial Juruá, 2015.

FERREIRA, M. C.; AIELLO-VAISBERG, T. M. J. O pai suficientemente bom: algumas considerações sobre o cuidado na psicanálise winnicottiana. **Mudanças - Psicologia da Saúde**, *[s.l.]*, v. 14, n. 2, p. 136-142, jul./dez. 2006.

KLAUS, M. H.; KENNEL, J.; KLAUS, P. H. **Vínculo:** construindo as bases para um apego seguro e para a independência. Porto Alegre: Editora Artes Médicas, 2000.

LEBOVICI, S.; SOLIS-PONTON, L. Diálogo Leticia Solis-Ponton e Serge Lebovici: A construção da parentalidade. *In*: SILVA, M. C. P.; SOLIS-PONTON, L. (org.). **Ser pai, ser mãe, parentalidade:** um desafio para o terceiro milênio. São Paulo: Casa do Psicólogo, 2004. p. 21-27.

MALDONADO, M. T. **Psicologia da Gravidez.** 17. ed. São Paulo: Editora Saraiva, 2005.

MAHLER, M. **O processo de separação-individuação.** Porto Alegre: Artes Médicas, 1982.

MORAES, M. H. **A clínica da maternidade:** os significados da depressão pós-parto. 2010. Tese (Doutorado em Psicologia do desenvolvimento, saúde e comunidade) – Universidade Federal de Santa Catarina, Florianópolis, 2010.

PARSEVAL, G. D. **A parte do pai.** Tradução de T. C. Stummer. Porto Alegre: L&PM, 1986.

RAPHAEL-LEFF, J. **Gravidez:** a história anterior. Tradução de Rui Dias Pereira. Porto Alegre: Artes Médicas Editora, 1997.

ROIG, J. C. **Padres e Hijos:** una relación (Pais e filhos: uma relação). Barcelona: Ediciones Folio S.A, 1993.

WINNICOTT, D. W. **Textos selecionados**: da pediatria à psicanálise. Rio de Janeiro: Livraria Francisco Alves Editora, 1978.

ZIMERMAN, D. E. **Vocabulário Contemporâneo de Psicanálise.** Porto Alegre: Artmed Editora, 2001.

CAPÍTULO 14

TÉCNICAS DE ATENÇÃO PSICOLÓGICA A PAIS E BEBÊS

As técnicas de atenção psicológica não se restringem à psicoterapia. O saber ouvir, o acolhimento das ansiedades, responder claramente às dúvidas das pacientes e familiares, entre outras coisas, faz parte do suporte emocional que os profissionais de saúde, procurados no período perinatal, devem estar preparados para realizar.

MODALIDADES TÉCNICAS DE ATENÇÃO PSICOLÓGICA

Durante a gestação, existem algumas técnicas aplicadas com intuito de proporcionar suporte emocional, como tentativas de prevenir transtornos e sofrimentos psicológicos às gestantes e aos casais grávidos que não são necessariamente psicoterápicas.

Durante a gestação

1) As consultas obstétricas pré-natais podem, ou poderiam, ser oportunidades para as orientações antecipatórias, as quais consistem "[...] basicamente em descrever para a cliente o panorama geral de uma situação a ser enfrentada [...]. Destacam-se dois pontos fundamentais: dar informações e lidar com o impacto emocional por elas provocado" (CANELLA; MALDONADO, 1988, p. 107). No entanto muitos profissionais ainda não se sentem encorajados o suficiente para a segunda parte da recomendação dos autores citados, exatamente pelo desconhecimento e despreparo dos profissionais para lidar com os aspectos psicológicos de suas pacientes, quer em consultório ou em internações nas maternidades. De toda forma, o que vale aqui é salientar que omissões, opiniões, imposições dos médicos e de outros profissionais acabam por desenvolver efeitos iatrogênicos e mais ansiogênicos nas gestantes, parturientes e puérperas.

2) O momento da ultrassonografia é uma circunstância bastante ansiogênica, uma vez que se caracteriza pela curiosidade, expectativa e imprevisibilidade tal qual o parto. Para além do "desnudamento" do interior do corpo da mulher e de tudo que isso possa significar para ela, para o companheiro, para os filhos e para o próprio médico, o exame ultrassonográfico traz a realidade do estado desenvolvimental e de saúde do(s) bebê(s). A constatação dessa realidade, que pode ser boa ou ruim, bem como a concretização da imagem do bebê não impede as manifestações fantasísticas e projetivas dos pais, as quais podem interferir no vínculo com a criança. Por isso, faz-se necessário o treinamento do médico ou o acompanhamento de um psicólogo no momento para conter as ansiedades e esclarecer fantasias. Isso ocorre principalmente quando há a necessidade de dar "más notícias", como de feto morto, deficiências, malformações e síndromes. Até mesmo o anúncio do sexo do bebê – que deve ser feito com anuência dos pais –, costuma desencadear conflitos entre o casal ou em um dos pais, em relação ao bebê, e necessitam de intervenções qualificadas.

3) São bastante conhecidos os "cursos de gestantes" com número delimitado de encontros, seguindo um programa prévio, em que os profissionais da saúde informam como acontece a gestação, quando ir para a maternidade, o que levar na mala, alimentação e atividades físicas adequadas, importância das consultas pré-natais e ultrassons, tipos de parto, como banhar o bebê etc. Às vezes há a possibilidade de perguntas e trocas de experiência nesses grupos, em outros não há. Quando há, algumas mulheres muito ansiosas, ou deprimidas, não se atrevem a se expor, como já ouvi: *"não quis estragar o clima do grupo com minhas tristezas"*. Penso que a informação tem sempre sua importância na desmistificação de fantasias e crenças. Um recurso valioso, principalmente para primíparas, nesse tipo de grupo, é poder visitar a sala de parto dos hospitais e a UTI Neonatal (no caso de gestantes de risco). É o que denominam "Pré-natal Psicológico" (ARRAIS, 2016) ou "Enxoval Emocional", que tem sido avaliado como bastante positivo pelas gestantes que dele participam.

Outro ponto alto desses cursos é a participação dos pais ou avós. Na maternidade do Hospital Universitário (HU/UFSC), em Florianópolis, existe uma prática instituída de as mães e casais permanecerem unidos por um grupo de WhatsApp por quanto tempo desejarem, mesmo depois de os bebês já terem nascido, funcionando como rede de apoio. Sem serem psicoterápicas, todas as modalidades de apoio mencionadas acabam tendo um efeito ou resultado terapêutico e até mesmo preventivo em mães e casais mais estruturados e amadurecidos.

4) Diferentemente, os "grupos de gestantes" de longa duração, coordenados por psicólogos com a participação da obstetrícia, enfermagem e pediatria, propõem-se não só a propiciar informações técnicas, mas também a compartilhar as experiências das participantes, abrindo um espaço fundamental para a discussão de sentimentos e ansiedades frente à situação da gravidez, dos tipos de parto, da amamentação, dos cuidados com o bebê e outros temas.

As gestantes,

> [...] ao se ouvirem relatando suas vivências e preocupações, tomam consciência dos fatos que estão ocorrendo consigo mesmas e à sua volta [...] A combinação do dizer, refletir e receber informações científicas contribui para a redução do medo do desconhecido e, consequentemente, para o alívio de ansiedades (VIÇOSA, 1997, p. 307).

Assim, o grupo terapêutico passa a funcionar como uma mãe suficientemente boa.

A diferença entre os cursos e os grupos terapêuticos é que nesses últimos há atenção ao subliminar, às ansiedades, às condutas não verbais e às fantasias manifestadas por meio das perguntas objetivas. Por exemplo: como posso saber que meu bebê vai passar pelo meu canal? E se ele for grande? Se o profissional atento, antes de responder objetivamente, perguntar o porquê dessa dúvida, podem surgir fantasias ou histórias de família em que o bebê, ou a mãe, morreu por incompatibilidade entre o tamanho da bacia e da cabeça do bebê. Se continuar o questionamento, vão surgir outros medos e outras sensações de incapacidade de suportar um parto vaginal, ou outros tantos sentimentos paranoides. Outras gestantes podem se identificar e contar medos e fantasias semelhantes. Poder transformar em palavras seus temores, inconscientes e subjetivos, pode trazer uma sensação de bem-estar e maior confiança no momento do nascimento do seu filho.

Quanto maior a oportunidade de falar sobre as modificações físicas e de humor, na relação conjugal e/ou familiar, mais aumentam as chances de adaptação e de integração psicocorporal. Outra vantagem do trabalho de cursos e grupos homogêneos – gestantes que estão no mesmo trimestre da gravidez ou que estejam passando por gestações de risco – é a possibilidade de a mulher verificar que não é a única gestante que tem dúvidas e receios, dividir experiências etc., sentindo-se menos "loucas" como costumam se denominar.

Viçosa (1997) considera que o grupo heterogêneo com a participação de gestantes em diferentes momentos da gravidez é mais rico e proporciona uma ideia de evolução. O papel do profissional de saúde mental é mostrar que as preocupações das mães fazem mesmo parte dessa fase tão específica de suas vidas:

> [...] posicionar-se como uma pessoa interessada, fazendo perguntas esclarecedoras, comentários de aprovação, 'alinhavando' os assuntos, orientar as gestantes com o objetivo de ampliar ou criar espaço psicológico necessário à interação com o filho [...] (VIÇOSA, 1997, p. 309).

Eu ainda acrescentaria a busca das motivações para as dúvidas, os medos e as ansiedades. Necessária se faz a observação da necessidade de acompanhamento psicológico individual em casos em que a ansiedade aumenta durante a discussão no grupo ou quando a gestante não consegue se colocar.

5) Quando as técnicas de acolhimento mencionadas se mostrarem insuficientes, o indicado é a psicoterapia individual das gestantes que buscam o psicólogo, ou psiquiatra, por conflitivas emocionais intensas, apresentando sintomas psíquicos, como depressão, ansiedade, irritabilidade, inconformidade com a gravidez, tocofobia (fobia ao parto), insegurança em relação às suas capacidades para exercer a maternidade, bem como sintomas psicossomáticos que podem transformar a gravidez em gestações de risco e alto risco.

A técnica recomendada nesses casos, devido ao curto período de tratamento e à iminência da chegada do bebê é a Psicoterapia de Apoio Focal, a qual se diferencia da Psicoterapia Psicanalítica de longo prazo por duas características principais: os objetivos e o papel do psicoterapeuta. Os atendimentos ocorrem em situações pontuais, visam a aliviar os sintomas, a fortalecer as defesas saudáveis do ego, a relembrar enfrentamentos de situações semelhantes, além de buscar por potencialidades e soluções criativas.

O papel do psicoterapeuta é mais ativo e diretivo, ajudando as pacientes, ou os pacientes – lembrando que às vezes é o homem que busca ajuda – a manterem o foco da terapia. A Psicoterapia de Apoio Focal se caracteriza por uma escuta especializada e atenta às fantasias e temores das gestantes e puérperas. Por meio do desenvolvimento de uma sólida aliança terapêutica, proporciona um espaço livre, sem críticas, nem julgamentos, nem opiniões pessoais à paciente. Uma posição neutra, de uma "maternagem" boa e acolhedora que facilita e liga a compreensão das situações passadas, conscientes e inconscientes que podem estar interferindo na situação atual, desencadeando os conflitos em relação ao bebê, à maternidade (paternidade) ou a si mesmas.

A compreensão teórica dos fenômenos psicológicos da Perinatalidade é fundamentada sempre na Psicanálise, mas a técnica de abordagem se diferencia pela não interpretação sistemática da transferência como recurso técnico, mesmo sendo ela detectada pelo psicoterapeuta, podendo ser instrumentalizada e auxiliar no diagnóstico da paciente. Pela maior brevidade de tempo, as <u>intervenções</u> são mais focadas na maternidade, e podem entre elas estar interpretação, esclarecimento, confrontação, assinalamentos, asseguramentos, sugestões, questionamentos e outras modalidades de reflexão das terapias breves, que não devem nunca ser confundidas com indução a decisões, por exemplo.

Mesmo que a técnica seja diferente da Psicoterapia Psicanalítica de longo prazo, para ser eficiente, o psicoterapeuta necessita de dados da história familiar e precisa estar atento às manifestações do inconsciente, como os sonhos, sempre muito elucidativos, os atos falhos, as associações livres e os significados dos sintomas. O apoio se caracteriza pelo encorajamento às associações e recordações que ajudam a esclarecer os mal-estares presentes na gestação.

A postura do psicoterapeuta segue as mesmas regras de outros tipos de psicoterapia, quais sejam, a neutralidade – sem memória e sem desejo, segundo Bion (*apud* ZIMERMAN, 2004) – e a ética em primeiro lugar. A participação do terapeuta pode ser mais ativa e diretiva em função do limitado espaço de tempo, como já referido antes, mas nunca invasiva ou intrusiva. O respeito ao *timing* e à subjetividade das pacientes deve prevalecer.

Como exemplo, vou falar de uma paciente que atendi, há algum tempo, que tinha um receio intenso do parto normal, referindo medo de morrer ou de que algo de ruim acontecesse a seu bebê, e de que o médico não consentisse em fazer a cesariana tão desejada, sendo obrigada a passar pelo parto normal. Consultando sua história, chamou-me a atenção o fato de ter tido uma irmã menos de um ano depois de ela ter nascido. Essa irmã, como ela, nasceu de parto normal, mas teve dificuldades de oxigenação do cérebro e apresenta uma lesão cerebral grave que interfere em suas atividades motoras e intelectuais até hoje. Disse que amava a irmã, mas que lamentava ter tido que crescer dividindo a mãe com ela e, em muitos momentos, perdendo a mãe para ela. A paciente cresceu cuidando dessa irmã e se dizia muito amiga dela.

Certa vez me contou um sonho em que estava com sua filha que tinha acabado de nascer no colo e estava muito assustada porque a menina tinha cabelos longos e olhava para ela num misto de sorriso e brabeza. Conversando sobre o sonho e com quem a bebê se parecia, ela se deu conta de todos os sentimentos extremamente ambivalentes em relação à irmã, à mãe e à sua filha, o que lhe trazia intensos sentimentos de culpa, impondo, em sua fantasia, o castigo de ter sua filha igual à irmã e passando pelo mesmo sofrimento da mãe. Ela parecia muito aliviada com essas descobertas. Dias depois, teve sua filha por cesárea e estava muito tranquila quando a vi pela última vez na maternidade.

Um ano depois, fiquei sabendo que tinha tido uma segunda filha, exatamente como sua mãe, mas por cesárea e que nascera bem e sem sequelas, como ela temia. Dei-me conta de que o medo da repetição persistiu até conferir se a história se repetiria ou não. Teria o mesmo destino que sua mãe (dois bebês em dois anos), mas não teria o "castigo", pois sua filha não era atípica ("dos males o menor").

DURANTE O PARTO

Embora não seja regra geral, algumas mulheres podem ser acompanhadas de doulas que lhe prestam uma assistência exclusiva durante o trabalho de parto, minimizando os mal-estares físicos e emocionais do trabalho de parto. Quando não há doulas, as profissionais de enfermagem e fisioterapia costumam se aproximar e aliviar os incômodos do período pré-parto. Além disso, as parturientes atuais contam com a presença de um acompanhante que pode ser o(a) companheiro(a) ou outro familiar por elas escolhido, o que idealmente lhes proporciona sensação de não estar só e se sentir cuidada, conforme decretado pela Lei 11.1108, de 07 de abril de 2005.

Quando da internação no quarto ou enfermaria de pré-parto, as informações que constituem a técnica da orientação antecipatória, descritas nas consultas pré-natais, podem poupar muitas ansiedades, independentemente do nível socioeconômico e cultural da parturiente, ativando mecanismos adaptativos para que elas possam enfrentar a tensão do parto e dos momentos que o antecedem. Essa técnica não funciona como calmante, eliminando ansiedades, mas como um mecanismo motivacional, possibilitando às parturientes a concretização de ações necessárias e diminuindo a paralisação do pânico.

Revelando às parturientes o passo a passo do que está por vir, avisando e esclarecendo os procedimentos utilizados – toques vaginais, aplicação de medicamentos ou hormônios, episiotomia e outros –, as mulheres se sentem respeitadas e menos invadidas (MORAES, 2001). Quando esse reasseguramento acontece, as mulheres se sentem mais livres e menos coibidas de expressarem seus sentimentos, sentindo-se compreendidas e podendo pedir novas informações esclarecedoras (CANELLA; MALDONADO, 1988).

Em minha dissertação de mestrado, sugeri algumas medidas de humanização, de acordo com o que observei na relação médico residente-parturiente naquela época e naquela maternidade. Orientações explícitas realizadas pelo Ministério da Saúde (2010) são já efetivadas em algumas maternidades, mas em outras ainda não, dependendo das situações e profissionais envolvidos. Dentre as orientações, estão:

- apresentação dos profissionais que vão acompanhá-las;
- sempre chamar a paciente pelo nome;
- conversar com as pacientes para detectar algum medo ou dúvida em especial;
- em maternidades públicas, tentar manter o acompanhamento pelo mesmo médico no pré-parto e no parto, possibilitando maior vinculação e confiança;
- em maternidades-escola, muitas vezes, a privacidade das pacientes é nula. A aprendizagem é necessária, mas a informação e o consentimento das parturientes fazem muita diferença para elas num momento tão íntimo e de tanta exposição;
- seguimento do contato com as pacientes após o parto, estando essas eufóricas, tranquilas ou tristes pela separação do bebê, ou muito comovidas com alguma intercorrência. Esse contato constante propicia uma solução de continuidade na atenção recebida;
- após o parto, ficar com o bebê facilita o vínculo e, como diz Szejer (1997), dá sentido à mãe a tudo que passou.

Casos em que ocorre alguma intercorrência grave, como morte do bebê, risco de vida da mãe e/ou do bebê, detecção de deficiências, síndromes ou malformações, é sempre importante que parturientes e familiares recebam o acolhimento de um psicólogo que poderá facilitar a expressão de sentimentos ou acompanhar os silêncios necessários. Ainda hoje é muito comum perceber que as equipes de saúde fogem do contato com as parturientes nesses casos, geralmente por não saberem como atuar.

DURANTE O PUERPÉRIO

Conforme mencionei no Capítulo 8 deste livro, o puerpério imediato costuma apresentar mudanças drásticas de humor pelo *Baby-blues* e pelas dificuldades de iniciar e manter amamentação. Esse período costuma ser um tanto tumultuado, principalmente no caso de primeiros filhos, em função de várias situações, dentre elas:

- exaustão do parto, independentemente do tipo;
- desconhecimento do bebê que inicialmente é um estranho;
- presença ou não de companheiro ou rede de apoio;
- inseguranças diante das tarefas da maternidade.

Todas essas situações são vivenciadas de forma subjetiva, com diferentes reações e manifestações, inclusive com a formação de sintomas físicos e psíquicos. Dentre as técnicas de atenção às parturientes, estão as listadas a seguir.

1) O apoio psicológico inicial constitui-se de:
- presença constante e suportiva do companheiro, quando ele existe;
- rede de apoio para situações domésticas ou com o bebê;
- grupos de puérperas via WhatsApp, em que as mães trocam experiências e informações;
- o "doutor google", que as ajuda e esclarece, outras vezes confunde;
- o apoio do pediatra, frequentemente requisitado e às vezes trocado por insatisfação das mães ou pais com a demora, ou com as respostas dadas para suas angústias, ou pela ansiedade das mães que precisam de segundas e terceiras opiniões.
- se os dias se passam, e não há mudança aparente, as consultoras de amamentação são chamadas, às vezes mais de uma, com sucesso ou

não em suas tarefas, até que algumas mães cheguem ao consultório de Psicologia, buscando psicoterapia.

2) Da mesma forma como o psicólogo psicoterapeuta trabalha na gestação, trabalha no puerpério, tendo, porém, um objetivo adicional importante, que é vinculação com o bebê. Na maioria das vezes, as mães não trazem seus bebês. Nesse caso, a técnica a ser aplicada pode ser a de <u>Psicoterapia de Apoio Focal</u>, até que os sintomas sejam significados e transformados. Muitas vezes, após resolvida a "crise" do puerpério, essas mulheres permanecem em psicoterapia, que então passa a ter outros objetivos e tem sua técnica e temática modificadas.

Outras situações que trazem puérperas para a <u>psicoterapia individual</u> são: a depressão pós-parto; a morte do bebê; notícias de deficiências e síndromes do filho; dificuldades na relação com o bebê (rejeição, ansiedade, medo); sintomas apresentados pelo bebê, tais como dificuldades de alimentação, transtornos de sono, choro inconsolável, doenças de repetição, problemas de crescimento e desenvolvimento. Em cada uma delas, o foco muda, mas a escuta e a compreensão psicanalíticas são as mesmas.

3) Os <u>grupos de apoio às puérperas</u> de bebês do primeiro ano de vida têm se mostrado eficientes, tal qual na gestação, pela troca de experiências e pela constatação que cada uma tem uma dificuldade emocional a superar, podendo ser auxiliadas pelas outras participantes, pelo psicoterapeuta e por outros profissionais convidados como pediatra, fonoaudiólogo, nutricionista.

4) Na minha prática clínica, as mulheres podem procurar a <u>terapia com o marido</u>, porém é mais raro. Nestas ocasiões, observam-se duas situações extremas de acordo com a relação do casal: 1) as projeções mútuas, as expectativas quanto aos papéis materno e paterno e 2) o significado do filho para cada um e para ambos.

Na primeira situação, o marido é muito participativo e preocupado com a companheira e o bebê, querendo colaborar com as dificuldades enfrentadas. Ele mesmo pode estar perdido e precisando entender o que se passa. A atenção inclui seus sentimentos tanto quanto os da mulher, já que buscaram o atendimento psicológico em conjunto.

A situação oposta é quando o casal que já não vinha bem, começa a se desentender ainda mais com a chegada do bebê, e surgem críticas e outras reações negativas de uma ou de ambas as partes, com muitas projeções negativas dos objetos parentais de um ou de ambos. Nesses casos, tenta-se focar no significado da gravidez e do filho para eles e nas mudanças do casal.

Em termos gerais, o resultado é a conciliação, com diálogos esclarecedores e projeto comum de como começar essa nova família mais livre dos fantasmas e pesos atuais e transgeracionais. Outra saída é a separação, dependendo da dinâmica de cada casal e de suas impossibilidades de transformação. A forma de viverem a parentalidade separados deve ser objeto de discussões para que a criança não perca nenhuma das figuras fundamentais na sua constituição como sujeito.

5) Em se tratando de Perinatalidade, em que os "clientes" são todos os membros de um determinado contexto familiar: a criança, sua mãe, seu pai e, às vezes, avós e outros, é muito importante buscar uma atenção global e não segmentada, artificialmente dissociada, por meio da Terapia Familiar.

A PSICOTERAPIA CONJUNTA MÃES/PAIS-BEBÊ

Essa é uma nova modalidade de psicoterapia. Também chamada de psicanálise de bebês ou, como eu prefiro chamar, a "clínica dos primórdios" – embora o termo não tenha sido cunhado por mim. Diferencia-se da psicoterapia psicanalítica das mães ou dos pais, pela total inclusão do bebê no *setting* analítico junto à mãe ou aos pais: sua presença. As manifestações corporais, os olhares, choros, balbucios, o desejo de mamar e, dependendo da idade, as brincadeiras e os movimentos pela sala – espontâneos e reacionais – fazem do bebê um interlocutor, e sua materialidade demanda que o trabalho analítico seja mais centrado na vivência da maternidade e paternidade na sua dimensão relacional.

Na realidade clínica, o mais comum é que a mãe procure ajuda para lidar com suas dificuldades ou sintomas do bebê. Então, no que se refere ao enfoque especificamente materno, e relembrando alguns conceitos já descritos neste livro, sabe-se que a maternidade é um processo essencialmente inconsciente e está intrinsecamente relacionada ao "estranho" que habita a mãe e com uma reencenação vincular com o bebê. Trata-se de um processo complexo, físico e psíquico, no qual o arcaico da mãe emerge.

> É notório que quando um filho nasce, a mãe leva um tempo até perceber o bebê como real, pois o percebe de acordo com as suas necessidades narcísicas e, diante disso, tende

> a projetar sua história nele, suas vivências relacionais e emocionais e suas fantasias inconscientes. Nem sempre a mãe sente amor, carinho, afeto e isto está relacionado ao estranho que ela não reconhece, o qual diz respeito a todas as suas vivências acionadas pela maternidade [...]. Determinantes estes que incluem a história individual desta mulher, desde antes dela nascer, intra-útero e após o nascimento: o bebê que ela foi, a relação primeira com sua mãe e pai, seu desenvolvimento psíquico, fantasmas e mandatos transgeracionais. Estas transformações são particulares e únicas, podendo também mudar a cada nova gestação ou puerpério da mesma mulher (MARTINS; MORAES, 2019, p. 2-3).

Quanto maior a vulnerabilidade psíquica, diante de contingências adversas ou não previstas na idealização da maternidade, o desamparo, a frustração, alienação e os sentimentos de impotência podem levar a mulher à depressão depois do parto. Segundo Moraes (2011), acontece uma ruptura, uma quebra emocional que requer elaboração psíquica. A mulher não se sente mais dona de suas decisões; pode confundir-se em sua passagem do papel de filha para o de mãe e no reconhecimento de sentimentos diferentes dos que esperava sentir. Precisa de um tempo para reconhecer o bebê real, diferente do bebê idealizado, e perceber que o bebê não é passivo, mas ativo em sua conduta e reações.

Cramer e Palacio-Espasa (1993) afirmam que a materialização do bebê cria uma "neoformação", caracterizada por uma forma particular de funcionamento psíquico e de psicopatologia correspondente, que não é redutível à soma dos antecedentes.

> Toda uma série de investimentos narcísicos e pulsionais da mãe, até então conservados em seu espaço intrapsíquico, irá se distribuir no espaço interpessoal da relação com a criança real e fantasística. A criança se transforma em ligação e depositário de investimentos que até então estavam ligados a objetos internos ou a aspectos do *self* da mãe (CRAMER; PALACIO-ESPASA, 1993, p. 27).

O bebê é percebido com inquietante estranheza, ou considerado um enigma, devido à projeção de algum fantasma interno.

Nas palavras de Fraiberg, Adelson e Shapiro (1994), que os fantasmas do passado não invadam o quarto do bebê, repetindo intensamente o passado no presente. Quando na psicoterapia, a mãe lembre e revive "sua ansiedade e sofrimentos infantis, os fantasmas desaparecem e a experiência de aflição [...] se transforma em capacidade de proteger seus filhos contra a repetição de seu próprio passado conflitivo" (FRAIBERG; ADELSON; SHAPIRO, 1994, p. 34).

Em relação ao bebê, os estudos transdisciplinares atuais denotam as competências e possibilidades do bebê, mas reconhecem que, com o corpo, por meio do corpo e para além do corpo, o bebê necessita de um outro primordial que o acolha, reconheça e afilie.

> A passagem que todo bebê deve realizar – de organismo a sujeito – pressupõe uma série de operações de uma existência simbólica que devem se realizar no interior de uma relação, sustentada pelos outros parentais transmissores da estrutura simbólica (BERNARDINO, 2008, p. 17).

Em outras palavras, o bebê tem que passar a ser um sujeito, reconhecido e aceito em suas necessidades, seus desejos e suas demandas. Caso isso não aconteça, se "expressa" por meio de seus sintomas, desenvolvendo uma patologia precoce.

Ainda, segundo Bernardino (2008), do ponto de vista psicanalítico, é possível *escutar* o bebê por meio de seus vômitos, suas diarreias e constipações, sua anorexia, seus transtornos de desenvolvimento, seu sono em excesso ou sua insônia, apatia, seu choro excessivo, sintomas esses que necessitam de interpretação "a tempo", expressão do autor. O bebê necessita dessa decodificação de suas comunicações, e, mesmo que ainda não fale, ele está imerso num mundo de linguagem desde antes de nascer.

O especialista psicoterapeuta perinatal tem a função de fazer a mediação entre pais, ou mãe, e bebê; conversar com a mãe, tomando o bebê como alguém que fala sem palavras. O psicoterapeuta conta ao bebê, com palavras acessíveis, o que se passa com a mãe ou pais e transforma em palavras para os pais as reações do bebê, sempre buscando significados e conexões com a história passada da família, dissociando a representação do bebê de fantasmas transgeracionais, para que possa ser visto como ele é. Para isso, identifica-se ora com a mãe ou pais, ora com o bebê.

> A interpretação nesta clínica refere-se a todas as funções da palavra: mediação, acolhimento, absorção e separação, utilizando o olhar, a surpresa, o encantamento como reações possíveis de localizar o bebê em um lugar fálico, potencialmente à espera de ser investido narcisicamente por seus outros parentais. (BERNARDINO, 2008, p. 24).

A função do psicoterapeuta não é oferecer-se como um remendo no lugar da ausência afetiva da mãe para o bebê, mas, após compreender as dificuldades da mãe, poder apresentar-se como um modelo de interação com a criança, reconhecendo-a como alguém que se expressa, que tem necessidades e compreende as palavras, principalmente quando elas vêm da voz da mãe, tão conhecida.

Fato muito importante de se mencionar é que os bebês reconhecem os mal-estares da mãe ou do pai e tentam ajudá-los, como o exemplo que trouxe no Capítulo 13. Outras vezes, o bebê se identifica com a depressão materna, deprimindo-se ou desistindo de viver, ou ainda assumindo um falso *self* que imagina tornar a mãe mais feliz.

Os efeitos esperados dessa modalidade psicoterapêutica é que os pais elaborem seus conflitos com figuras parentais projetados no filho, que consigam abrir canais de percepção e comunicação consigo mesmos e com a criança, que possam vê-la e aceitá-la como ela é – situação um pouco mais difícil em casos de deficiências e síndromes das crianças – e que possam iniciar uma relação nova e criativa com seu filho, que vai se sentir único, existindo e tendo valor para seus pais, aventurando-se com eles na constituição de sua vida psíquica.

O VI Congresso Internacional sobre o Bebê (2020), promovido pelo Instituto Langage e representado por profissionais de diversas áreas da saúde, trouxe um aspecto inovador e revolucionário ao afirmar que, da mesma forma que uma mãe deprimida não consegue personificar seu bebê, as crianças que têm dificuldades de reagir e interagir com as mães podem deprimi-las e afastá-las, pela sensação regressiva de não estarem sendo vistas e reconhecidas por ele, sentindo-se rejeitadas e depressivas.

Uma observação final é que psicoterapeutas que tratam pais e bebês a partir das primeiras semanas recomendam o trabalho em conjunto com equipes inter ou transdisciplinares com as crianças que apresentem disfunções neurológicas, motoras, cognitivas e funcionais. Como lembram os estudos Vítor Franco (2016), as falhas ambientais trazem como consequências distúrbios emocionais que podem influenciar o modo de ser e funcionar da criança. Além disso, a intervenção transdisciplinar a tempo pode contribuir significativamente, levando em consideração a noção de plasticidade neuronal, evitando maiores deficiências, instaurando estruturas necessárias ao processo do pensamento.

Como conclusão, essa nova técnica tem se comprovado de muita relevância na formação do vínculo inicial fundante da relação tão necessária na constituição do sujeito, que precisa se sentir importante, pertencente, narcisado, para depois poder se separar e se constituir num sujeito independente. Também para as mães e pais poderem se firmar em suas funções parentais com mais eficiência, liberdade e espontaneidade.

REFERÊNCIAS

ARRAIS, A. R.; ARAÚJO, T. C. C. F. Pré-natal psicológico: perspectivas para atuação do psicólogo em Saúde Materna no Brasil. **Revista SBPH**, Belo Horizonte, v. 19, n. 1, p. 103-11, 2016. Disponível em: scholar.google.com.br. Acesso em: 5 abr. 2017.

BERNARDINO, L. M. F. É possível uma clínica psicanalítica com bebês? *In*: KUPFER, M. C. M.; TEPERMAN, D. **O que os bebês provocam nos psicanalistas.** São Paulo: Editora Escura, 2008.

CANELLA, P.; MALDONADO, M. T. **A relação médico-paciente em ginecologia e obstetrícia.** 2. ed. São Paulo: Livraria Editora Roca, 1988.

CRAMER, B.; PALACIO-ESPASA, F. **Técnicas psicoterápicas mãe-bebê.** Porto Alegre: Editora Artes Médicas, 1993.

FRAIBERG, S.; ADELSON, E.; SHAPIROV. Fantasmas no quarto do bebê: uma abordagem psicanalítica dos problemas que entravam a relação mãe-bebê. **Publicação Ceapia**, Porto Alegre, v. VII, n. 7, p. 12-34, 1994.

MARTINS, J. C.; MORAES, M. H. Quando o bebê é o estranho. *In*: **CONGRESSO da FEDERAÇÃO NACIONAL DE PSICANÁLISE,** Belo Horizonte, jul. 2019.

MORAES, M. H. **Os fenômenos emocionais envolvidos na prática médica:** um estudo da interação médico residente-parturiente. Dissertação (Mestrado em Psicologia do desenvolvimento, saúde e comunidade) – Faculdade de Psicologia, Universidade Federal de Santa Catarina, Florianópolis, 2001.

MORAES, M. H. A clínica da depressão pós-parto. **Revista Mudanças**, São Bernardo do Campo, v. 9, n. 1-2, p. 61-67, jan./dez. 2011.

SZEJER, M.; STEWARD, R. **Nove meses na vida de uma mulher:** uma abordagem psicanalítica gravidez e do nascimento. São Paulo: Casa do Psicólogo, 1997.

VIÇOSA, G. Grupo de gestantes. *In*: OSÓRIO, L. C.; ZIMERMAN, D. E. (org.). **Como trabalhamos com grupos.** Porto Alegre: Editora Artes Médicas, 1997.

ZIMERMAN, D. E. **Manual de Técnica Psicanalítica:** uma re-visão. Porto Alegre: Editora Artmed, 2004.

CAPÍTULO 15

CUIDADOS PSICOLÓGICOS DIRIGIDOS A EQUIPES DE SAÚDE PERINATAL

> *Aquilo que fazemos e como o fazemos não é só uma atividade, mas é parte de nossa personalidade e uma mudança de conhecimentos e técnicas, tanto quanto uma mudança na administração de nossos recursos, significa uma crise na estrutura da nossa personalidade.*
> (VIDELA, 1998).

POR QUE CUIDAR DAS EQUIPES?

Por último, mas não menos importante, este capítulo se dedica ao cuidado necessário com as equipes de saúde perinatal que atuam tanto em maternidades públicas e privadas, quanto em clínicas multiprofissionais.

Os profissionais que escolhem esse ofício e trabalham em um hospital ou clínica encontram um campo de práticas determinado por influências externas sócio-histórico-políticas e internas socioculturais e intrapsíquicas. Além dos esperados conflitos entre ideias, ideais e individualidades na convivência grupal humana, os profissionais têm que lidar com as reações individuais e o possível sofrimento psíquico vivenciado na execução de diferentes tarefas.

Necessária se faz a compreensão do funcionamento psíquico do profissional como sujeito dentro da instituição onde trabalha e as reações emocionais como integrantes de sistemas sociais específicos que levam ao desenvolvimento de defesas grupais como proteção contra intensas angústias desencadeadas pelo trabalho em uma instituição. O estresse físico, psicológico ou social é termo que define o estado dinâmico de um indivíduo, resultante de sua interação com estímulos e circunstâncias nocivas, que acabam por imprimir marcas na vida do trabalhador da saúde (PITTA *apud* MORAES, 2001).

Além de dificuldades inerentes ao trabalho específico nas instituições, que fogem ao objetivo deste capítulo, agrega-se uma pesada carga de trabalho caracterizada pela urgência, pelo contato íntimo com a dor e o sofrimento, pela perspectiva do nascer e do morrer, pelas constantes e estressantes exposições psicológicas às fragilidades humanas, pelas demandas e expectativas das pacientes às vezes difíceis, hostis e queixosas, pelas reações psicológicas das pacientes e seus familiares às pessoas da equipe e às vicissitudes vivenciadas na Perinatalidade. Isso tudo exige dos profissionais de saúde, homens e mulheres, um esforço adaptativo diário e muito intenso, podendo colocar quem trabalha na saúde num grupo de risco emocional.

A psicóloga perinatal argentina Mirta Videla, que trabalha há mais de 40 anos em maternidades, denuncia que uma defesa comum e patológica nas instituições e grupos profissionais é o silêncio das emoções, que nega e dissocia permanentemente os sentimentos dos profissionais, apegados a uma onipotência mítica desde a formação universitária até a ritualização de normas. Tal ritual de protocolização de condutas não tem apenas a função gestora, organizacional ou funcional do trabalho, mas inconscientemente, protege os profissionais da saúde das demandas brutas, imprevisíveis e às vezes traumáticas no decorrer do exercício de seu trabalho e têm a função de aparentemente reduzir ansiedades.

Antes de abordar a especificidade da atenção profissional a gestantes, parturientes e puérperas, trago a discussão das motivações, conscientes e inconscientes, que levam as pessoas a escolherem suas profissões. Em termos gerais, pode-se pensar que as profissões relativas à saúde, que são o foco deste livro, têm em comum o desejo do cuidado, mas pode ser uma "herança familiar", uma busca de status, de poder, de uma situação econômica razoável, entre tantas outras.

Inconscientemente, as escolhas parecem estar relacionadas às histórias familiares e psíquicas de cada profissional. O desejo do cuidado, por exemplo, pode estar relacionado ao mecanismo de reparação, em que se busca sanar danos reais ou fantasiados causados a objetos importantes da infância, cuidando de outros. Mas o que explica a escolha por especialidades, como obstetrícia, pediatria, cirurgia, medicina fetal, enfermagem obstétrica ou neonatal, a psicologia perinatal, a doulagem, além do útil mecanismo da sublimação?

Minha experiência como psicoterapeuta de adultos me permitiu entender que a escolha das profissões, bem como os temas de tese e dissertações, costuma ter uma ligação íntima não só com o momento de vida atual, mas, em grande parte, com a constituição das pessoas como sujeitos psíquicos.

Para simplificar, trago um exemplo que considero emocionante. No final do mestrado, quando havia finalizado minhas observações das relações médicos residentes/parturientes, resolvi aplicar individualmente aos 12 médicos residentes em obstetrícia, um questionário simples de apenas cinco perguntas de forma verbal:

1. Por que escolheu Medicina?
2. Por que escolheu Obstetrícia?
3. Quais as pacientes mais difíceis de atender?
4. Quais as pacientes mais fáceis de atender?
5. O que sabe sobre seu parto?

As quatro primeiras perguntas foram respondidas com respostas vagas, politicamente corretas e generalistas. A última pergunta causou um impacto emocional em todos. Alguns disfarçaram, outros não. Alguns chegaram a verbalizar: *"Será que foi por isto então que escolhi obstetrícia?"* Dos 12 médicos residentes, uma respondeu que sua mãe sempre se referiu à maternidade e ao parto como momentos lindos de sua vida, inclusive o nascimento da própria residente, e ela decidiu tentar que outras mulheres vivessem isso também. Outro disse que seu parto foi normal, mas que a mãe dele quase morrera no parto do irmão mais moço, os outros 10 participantes relataram que suas mães passaram muito mal nos partos deles, e cada um relatou os detalhes particulares do que aconteceu – hemorragia pós-parto, uso de fórceps, sofrimento por longo trabalho de parto –, num misto de espanto, emoção e *insights*.

Sempre que inicio um curso sobre Psicologia Perinatal, procuro buscar as motivações das alunas. O importante é que tenham consciência de suas razões conscientes e vão descobrindo as inconscientes, relativas às suas próprias vivências perinatais, o que inclui sua gestação, seu parto, sua amamentação, sua relação com pai e mãe e com a maternidade.

O objetivo disso é facilitar aos profissionais de saúde trabalhar de modo objetivo com as pacientes e seus familiares sem se misturar, sem projetar conflitos e dificuldades, sem se identificar com o pai, com a mãe ou, o que é mais comum, identificar-se com o bebê, perdendo, assim, a neutralidade e empatia imprescindíveis.

Como já devo ter mencionado em outro momento do livro, todos passamos por uma barriga – o "planeta útero", como foi lembrado por um profissional em um estudo de caso –, e temos inscritas, em nossas memórias, nossas faltas, nossos traumas ou nossas gratificações mais primitivas. E é pelo fenômeno inconsciente chamado Transferência, descrito por Freud (1912), que existe a possibilidade da <u>repetição</u> de desejos, sentimentos, impressões e fantasias reprimidas relativas aos primeiros objetos (pai e mãe) deslocados a pessoas de convívio atual, inclusive a pacientes e colegas.

Da mesma forma como já relatado, a relação das pacientes e familiares com a equipe de saúde está sujeita a esses fenômenos transferenciais, o que explica múltiplas formas de relacionamentos com o mesmo médico, por exemplo. Como a paciente o vê? Como um pai bom, um pai ameaçador, uma mãe asseguradora ou castradora, com inveja, com idealização? Conhecer esses fenômeno não significa que necessitam ser trabalhados ou elaborados na relação do profissional de saúde com suas pacientes e familiares, como acontece nos processos psicoterapêuticos, mas, certamente, essa compreensão atenua reações cegas, muitas vezes inadequadas.

Cláudio Eizirick (1994), que foi por muitos anos professor da Universidade de Medicina do Rio Grande do Sul, afirma que essa dimensão inconsciente é, muitas vezes, alvo de resistências. Receios de desvendar, reconhecer, estudar e propor a discussão do mundo interno leva à negligência da necessidade de trabalhar as reações emocionais do paciente, do médico, da equipe e sua interação.

Zimerman (1992) e Videla (1993; 1997; 1998) alertam para a importância do autoconhecimento do médico para que possa sublimar as fantasias primitivas de agressividade ou reparação, que podem interferir negativamente na interação com as pacientes. Eu acrescento que essa necessidade é de todos os profissionais da saúde, mormente os psicólogos.

Aqui surge um impasse técnico. Muitos cursos de educação universitária na área da saúde não oferecem, como parte da formação, a inclusão do psiquismo na compreensão de sintomas e/ou reações emocionais durante a Perinatalidade. Essa capacidade de atitude clínica, sugerida por Bleger (1984), Canella e Maldonado (1988) e Crepaldi (1999), no entanto, pode ser adquirida por meio de treinamentos especializados, que visem não somente ao tratamento de patologia, mas principalmente à promoção e à prevenção da saúde mental de quem assiste e de quem é assistido, numa tentativa de integrar as dimensões física e psíquica, o consciente e o inconsciente, o paciente e o profissional de saúde como figuras humanas sujeitas a vicissitudes desta condição.

De acordo com Zimerman (2004), e acredito que tal como na formação de psicoterapeutas, é muito importante que os profissionais de saúde se apoiem no tripé: psicoterapia, conhecimento e prática, para o desenvolvimento mais ético e adequado possível de sua prática profissional, sem que isso se transforme em estresse e desgaste emocional.

1. Psicoterapia: uma das maiores formas de autocuidado, na verdade, é o tratamento psicoterápico dos profissionais que trabalham com o psiquismo, direta ou indiretamente, como acontece na Perinatalidade, já que esse é um período em que pacientes e profissionais se deparam com as mais primitivas de todas vivências: a experiência intrauterina, o parto, amamentação e a primeira infância. É muito importante o profissional – de saúde mental ou não – poder identificar, por exemplo, se está e por que está afetado com determinada situação ou reação de alguma paciente, se percebe alguma identificação da paciente com sua própria mãe, ou se a neutralidade necessária em terapias conjuntas entre mães/pais-bebês por psicólogos e psiquiatras pode estar sendo prejudicada em função da identificação inconsciente e regressiva com o bebê. É fundamental que os profissionais tenham esse espaço psicoterapêutico de compreensão de si mesmos, inclusive, no exercício da profissão.

2. Conhecimento: o conhecimento de Psicologia Perinatal por todos os profissionais envolvidos na assistência às gestantes, parturientes e puérperas é deveras importante para o acolhimento das mulheres e de seus familiares em todas as circunstâncias, eminentemente nas que se mostram adversas, possibilitando encaminhamentos adequados às técnicas mais específicas, como as de psicoterapia que são restritas a psicólogos e psiquiatras.

Como já havia salientado no início do livro, considero fundamental e, acima de tudo, ético que os profissionais de saúde mental (psicólogos, psiquiatras) e os que são sistematicamente consultados e requisitados (pediatras, obstetras, enfermeiras, fisioterapeutas, nutricionistas) que se dedicam a assistir a mulheres, casais e famílias no período perinatal, proponham-se a um sério e constante desenvolvimento profissional na área da Perinatalidade Psíquica. O conhecimento proporciona maior clareza na compreensão da gestante, parturiente ou puérpera, desenvolvimento de maior tranquilidade, menor pânico diante do desconhecido, desenvolvimento de técnicas de atenção psicológica que ajudam ambos: profissional e paciente.

O conhecimento em geral está amplamente disponível por meio da internet, da bibliografia que se expande e se especializa cada vez mais, bem como de cursos oferecidos por profissionais experimentados e entidades especializadas, como o Instituto Pais-Bebês, em Florianópolis. Os cursos de mestrado e doutorado nas universidades do Brasil, felizmente, têm produzido muitas pesquisas enriquecedoras no campo do conhecimento sobre Maternidade, Paternidade, Parentalidade e Coparentalidade. Também afirmei, no início deste livro, que a Perinatalidade e Parentalidade Psíquicas são um mundo, tal sua intensidade e variedade de vivências subjetivas. Por isso, internacionalmente, o que se vê é o crescimento das especialidades de profissionais que se aprofundam em temas delimitados, como luto, gestações de risco, prematuridade, deficiências, partos, amamentação etc.

3. Prática: a prática é a área mais dinâmica no cuidado às equipes, pois apresenta diversas possibilidades:

- **reuniões de estudos de caso transdisciplinar,** nas quais profissionais da saúde vão assimilando conceitos e compreensões psicológicas;
- **interconsulta,** reunião mais específica entre um psicólogo e outro profissional da saúde para compreender determinada situação;
- **treinamentos e workshops**, por exemplo, "como acolher o luto perinatal", que associam teoria e discussão de casos, podendo ser incluídas dramatizações das chamadas "cenas temidas" ou já vividas de forma dramática no exercício da profissão;
- **supervisão da prática** individual ou de equipe por psicólogos perinatais, levando em conta a observância do estabelecimento dos fundamentos da técnica aplicada na atenção a gestantes, parturientes, puérperas e seus familiares. A integração da teoria com a prática clínica, desenvolvimento de habilidades clínicas, como a escuta, a empatia, a comunicação e a percepção do que é não verbal. Pela minha experiência como supervisora clínica, além de um instrumento de aprendizagem, a supervisão funciona como "desatadora de nós", quando, por algum motivo, o profissional de saúde, ou psicoterapeuta, está amarrado pela transferência ou contratransferência;

- **perspectiva transdisciplinar**, que engloba a multidisciplinaridade, uma vez que a equipe é formada por profissionais de diferentes formações e é, também, interdisciplinar da interação e comunicação esperados nesse tipo de trabalho. Implica cooperação, corresponsabilidade, compartilhamento de conceitos e saberes, buscando uma linguagem comum e um

> [...] posicionamento de aceitação, receptividade e valorização perante o saber do outro. A transdiscplinaridade exige uma postura de formação permanente a partir da própria equipe e do exterior, funcionando cada técnico como via de alimentação formativa de toda a equipe e a ênfase nas relações humanas, interpessoais, dentro do próprio grupo, como suporte emocional do trabalho (FRANCO, 2015, p. 147-148).

A perspectiva transdisciplinar não significa que todos os membros da equipe devem saber tudo de tudo, perdendo suas identidades profissionais. Significa a busca da compreensão global, que cada um, dentro do seu estilo e possibilidades pessoais, pode escutar-se, aos colegas e aos pacientes. Uma das formas de conquistar esse objetivo é a técnica de suporte a equipes a seguir.

- **grupos de Educação Continuada** – originalmente denominados Grupo de Educação Médica, hoje estendido para todas as profissões –, conforme sugerido pelo psicanalista David Zimerman (1997, n.p.). Trata-se de grupos operativos, também chamados de "reflexão sobre a prática clínica", que acabam exercendo uma ação terapêutica sobre seus componentes, embora não seja o objetivo precípuo. É uma modalidade de grupo que visa a

> [...] desenvolver a capacidade de *refletir,* isto é, capacidade para pensar de forma não intelectualizada as experiências emocionais vivenciadas da forma mais livre possível, elaborando idealizações e desconfianças e possíveis resistências iniciais em relação ao coordenador psicólogo ou psiquiatra.

Nessa modalidade de trabalho, o coordenador não dá respostas diretas às questões levantadas, mas estimula o desenvolvimento da empatia em cada um dos participantes, ou seja, a capacidade de colocar-se no lugar do outro bem como respeitar e ser respeitado, perceber, conhecer e comunicar, evitando mal-entendidos ou suposições vazias baseadas em crenças e valores do próprio profissional. Nesses grupos é possível não só discutir casos difíceis de pacientes, como também a própria interação entre os colegas.

Nesse tipo de trabalho grupal com equipes ocorrem:

- uma recomposição do grupo familiar (pais e irmãos), o que propicia que cada um passe a entender e respeitar melhor as dificuldades e inibições dos outros e se fazer respeitar a si próprio;
- a possibilidade de fazer novas identificações e compartilhar um novo código de valores;
- a percepção de cargas projetivas que fazem e que sofrem, permite que possam reconhecer-se melhor nos outros, diferenciar-se dos outros e a se colocarem no lugar deles;
- o desenvolvimento do senso de identidade profissional e de alguns atributos inerentes à profissão, que não têm a ver apenas com conhecimentos teóricos e tecnológicos, tais como empatia, respeito, coragem, ser verdadeiro e outros (ZIMERMAN, 1997).

Zimerman (1997) ainda lembra, e com ele concordo plenamente, que escutar é diferente de ouvir, assim como enxergar é diferente de olhar, que dizer é diferente de falar, compreender não é o mesmo que entender, ser empático não é o mesmo que simpático, entre outros recursos e requisitos para o exercício sensível da profissão na área da saúde, principalmente na atenção a gestantes, parturientes e puérperas com seus filhos e familiares.

Embora ciente de que muitas lacunas serão encontradas neste livro, espero ter conseguido presentear os leitores com reflexões sobre a Psicologia Perinatal e sua importantíssima função na busca de mais cuidado integral com famílias, partindo da saúde mental materno/paterno-infantil, tentando melhorar o mundo no amanhã.

REFERÊNCIAS

BLEGER, J. **Psico-Higiene e Psicologia Institucional**. Porto Alegre: Editora Artes Médicas, 1984.

CANELLA, P.; MALDONADO, M. T. **A relação médico-paciente em ginecologia e obstetrícia**. 2. ed. São Paulo: Livraria Editora Roca, 1998.

CREPALI, M. A. Bioética: direitos de pacientes e acompanhantes na hospitalização e interdisciplinaridade. **Cadernos de Psicologia e Educação Paidéia**, Ribeirão Preto, v. 9, n. 16, p. 89-94, 1999.

EIZIRIK, C. Ensinando uma profissão impossível. **Revista Associação Brasileira de Psiquiatria** – Associacion Psiquiatrica de la America Latina, São Paulo, v. 16, n. 4, p. 133-135, 1994.

FRANCO, V. **Introdução à Intervenção Precoce no desenvolvimento da criança**. Lisboa: Edições Aloendro, 2015.

FREUD, S. (1912). A dinâmica da transferência. Tradução de Jayme Salomão. *In*: FREUD, S. **Obras Completas**. Rio de Janeiro: Imago Editora, 1976.

MORAES, M. H. **Os Fenômenos envolvidos na prática médica**: um estudo da interação médico residente-parturiente. 2001. Dissertação (Mestrado em Psicologia) – Universidade Federal de Santa Catarina, Florianópolis, 2001.

VIDELA, M. **Parir y nacer en el hospital.** (Parir e nascer no hospital). 1. ed. Buenos Aires: Ediciones Nueva Visión, 1993.

VIDELA, M. **Maternidad:** mito y realidade. 2. ed. Buenos Aires: Ediciones Nueva Visión, 1997.

VIDELA, M. **Prevención** (Prevenção). 4. ed. Buenos Aires; Ediciones Cinco, 1998.

ZIMERMAN, D. E. A formação psicológica do médico. *In*: MELLO FILHO (org.). **Psicossomática Hoje**, Porto Alegre: Editora Artes Médicas, 1992. p. 64-69.

ZIMERMAN, D. E. Grupos de Educação Continuada. *In*: OSÓRIO, L. C.; ZIMERMAN, D. E. (org.). **Como trabalhamos com grupos**. Porta Alegre: Editora Artes Médicas, 1997. cap. 32.

ZIMERMAN, D. E. **Manual de Técnica Psicanalítica - uma re-visão**. Porto Alegre: Artmed Editora, 2004.

SOBRE A AUTORA CONVIDADA

Maria Gabriela Pinho Peixe

Psicóloga formada pela Universidade do Vale do Itajaí – Univali (2006). Tem capacitação em Psicologia Hospitalar – Intersaúde: Curso em Psicologia da Saúde (2006) – e é especialista em Terapia Relacional Sistêmica pelo Familiare: Instituto Sistêmico (2010). Fez capacitação em Reprodução Assistida pela Sociedade Brasileira de Reprodução Assistida em 2016. Também é especialista em Psicologia Perinatal pelo Instituto Pais/Bebês e membro do mesmo Instituto em Florianópolis, SC. Atua como psicóloga na Clínica Fecondare desde 2009 e realiza atendimentos de adultos e casais inférteis e em tratamento de reprodução assistida.

Orcid: 0000-0002-1830-0488.